CATALOGUE

DE

BEAUX LIVRES FRANÇAIS

LA PLUPART EN GRAND PAPIER

Ornés
de suites de Vignettes avant la lettre
et Eaux-Fortes

ET RELIÉS PAR LES PRINCIPAUX ARTISTES MODERNES

COMPOSANT LA BIBLIOTHÈQUE

DE FEU M. EDMOND MAAS

PARIS

ADOLPHE LABITTE

LIBRAIRE DE LA BIBLIOTHÈQUE NATIONALE

4, Rue de Lille, 4

—

1882

LA VENTE AURA LIEU

Les Lundi 27, Mardi 28, Mercredi 29 et Jeudi
30 Mars 1882

A deux heures précises

Hôtel des Commissaires-Priseurs, rue Drouot

CATALOGUE

DE

BEAUX LIVRES FRANÇAIS

DE LA BIBLIOTHÈQUE

DE FEU M. EDMOND MAAS

M. Auguste LABITTE, chargé de la vente, communiquera
des personnes qui ne pourraient y assister.

Paris. — Typ. G. Chamerot, 19, rue des Saints-Pères.

LA VENTE AURA LIEU

Les Lundi 27, Mardi 28, Mercredi 29 et Jeudi 30 Mars 1882

A DEUX HEURES PRÉCISES

Hôtel des Commissaires-Priseurs, rue Drouot

SALLE N° 3

Par le ministère de M° MAURICE DELESTRE, commissaire-priseur,

Rue Drouot, 27,

Assisté de M. ADOLPHE LABITTE, libraire.

Il y aura EXPOSITION PUBLIQUE le dimanche 25 mars 1882, de 2 à 5 heures, et EXPOSITION PARTICULIÈRE chaque jour de vente, de 1 à 2 heures.

CONDITIONS DE LA VENTE

La vente se fait au comptant.

Les acquéreurs payeront cinq pour cent en sus des enchères, applicables aux frais.

Les réclamations devront être faites dans les vingt-quatre heures de l'adjudication. Ce délai passé, ou une fois sortis de la salle de vente, les articles adjugés ne seront repris pour aucune cause.

M. ADOLPHE LABITTE, chargé de la vente, remplira les commissions des personnes qui ne pourraient y assister.

Paris. — Typ. G. Chamerot, 19, rue des Saints-Pères. — 12251.

CATALOGUE

DE

BEAUX LIVRES FRANÇAIS

LA PLUPART EN GRAND PAPIER

Ornés
de suites de Vignettes avant la lettre
et Eaux-Fortes

ET RELIÉS PAR LES PRINCIPAUX ARTISTES MODERNES

COMPOSANT LA BIBLIOTHÈQUE

DE FEU M. EDMOND MAAS

PARIS

ADOLPHE LABITTE

LIBRAIRE DE LA BIBLIOTHÈQUE NATIONALE

4, Rue de Lille, 4

1882

La bibliothèque dont nous présentons le catalogue au public a été formée avec beaucoup de soin et avec une grande connaissance des livres. Les éditions sont choisies parmi les meilleures et les exemplaires en papiers supérieurs abondent. Les suites de figures sont très belles et des meilleurs tirages. Les reliures sont d'une grande fraîcheur. Rien ne manque à cette collection toute moderne par son choix et sa condition pour enlever les suffrages des amateurs. Nous espérons qu'ils en reconnaîtront le mérite et que la liste des articles que nous publions les engagera à continuer la lecture de ce catalogue presque entièrement composé de livres aussi beaux et aussi importants que ceux que nous citons.

1. Bible. 13 vol. grand papier, avec les figures de Marillier, *avant la lettre.*
18 à 23. Bossuet. Oraisons funèbres. *Éditions originales.*
27. Demoustier. 3 vol. in-8, mar. figures *avant la lettre.*
33. La Rochefoucauld, 1665. In-12, mar. doublé.
38. La Bruyère, 1688. *Édition originale.*
53. La Bruyère (Mame). *Sur chine.*
65. La Vénerie de Du Fouilloux, 1562. In-4.
70. Les Émaux du Louvre, 1862. 2 vol. in-4 *avant la lettre.*
76. Collection de femmes. In-fol. 35 *dessins.*
80. Le Théâtre des bons engins. In-8. *Exemplaire Quentin-Bauchart.*
81. Emblèmes d'Alciat, 1536. In-8 gothique.
91. Gravelot. Almanach iconologique. 17 vol. in-18, mar. (*anc. rel.*).
106. Horace, 1733. 2 vol. in-8, *non rognés.*
111. Ovide, trad. par Banier. 4 vol. in-4. *Figures avant la lettre, eaux-fortes, etc.*
116. Fables et contes de Le Grand d'Aussy. 5 vol. in-8, gr. pap. *figures de Moreau avant la lettre sur chine, sur soie et eaux-fortes.*
130. Le Tombeau de Marguerite de Valois, 1551. In-8.
143. Parnasse satyrique du sieur Théophile, 1660. In-12.
165. La Fontaine, contes, 1762. 2 vol. in-8.
171. Œuvres de Corneille Blessebois, 1676. 2 tomes en 1 vol. in-12, maroquin.

175. Élite des poésies héroïques de ce temps, 1693. In-12. (*Exemplaire Quentin-Bauchart.*)

191. Dorat. Les Baisers, 1770. Gr. in-8.

210. Gilbert. Œuvres. In-8. *Figures avant la lettre, eaux-fortes et dessins originaux.*

256. La Fontaine. Fables, avec les figures d'Oudry. 4 vol. in-fol. gr. pap. de Holl. mar. r. (*anc. rel.*).

266. Dorat. Fables nouvelles, 1773. 2 tomes en 1 vol. *figures de Marillier.*

268. Chants et chansons populaires de la France. 3 vol. in-8. *Exemplaire avec témoins.*

271. Choix de chansons de La Borde. 4 tomes en 2 vol. *figures de Moreau et portrait.*

282. Le Théâtre de P. Corneille, 1664. 4 tomes en 3 vol. in-8, mar. bl.

286. P. Corneille, 1817. 13 vol. in-8, mar. r. fil. *Grand papier, figures de Moreau avant la lettre.*

293. Racine. *Lefèvre,* 1822. 6 *vol. grand papier. Figures avant la lettre.*

299. Racine. Esther et Athalie. In-4. *Éditions originales.*

304. Molière, 1682. 8 vol. in-12, mar. r.

305. Molière, 1734. 6 vol. in-4, mar. *figures de Boucher.*

306. Molière, 1824. 8 vol. in-8. 1re *suite de Moreau avant la lettre.* 4 *eaux-fortes* et autres suites *avant la lettre.*

327. Regnard, 1707. 2 vol. in-12. *Édition originale.*

336. Beaumarchais, 1871. 4 vol. in-8, maroquin, *figures avant la lettre et eaux-fortes.*

339. Les Après-Soupés de la société, 1783. 6 vol. in-18, maroq. *Très rare.*

379. Longus, 1718. Pet. in-8, mar. bl. *Figures du Régent.*

389. Rabelais, 1741. 3 vol. in-4, maroq.

393. Heptaméron françois, 1783. 3 vol. in-8, non rogné.

399. La Fontaine. Les Amours de Psyché, 1795. In-4. *Figures avant la lettre et eaux-fortes.*

402. Madame de la Fayette. Zayde, 1670. 2 vol. in-8. *Édition originale.*

403. La Princesse de Montpensier, 1662. In-12. *Édition originale.*

405. La Princesse de Clèves, 1678. 4 tomes en 2 vol. in-12, maroq. bl. *Édition originale.*

407. Perrault. Contes du temps passé, 1697. Pet. in-12, *vignettes.*

411. Télémaque, 1699. In-12, maroq. bl.

412. Télémaque, 1717. 2 vol. in-12, mar. r.

413. Télémaque, 1734. In-fol. mar. (Édition tirée à 150 exemplaires.)

422. Hamilton. Œuvres. 5 vol. in-12, mar. r. *Éditions originales.*

423. Hamilton. Mémoires de Grammont, 1713. In-12, mar. doublé. *Exemplaire sur papier fort.*

427. Montesquieu. Le Temple de Gnide, 1772. Gr. in-8, mar.

431. Manon Lescaut, 1753. 2 vol. in-12, *pap. de Hollande.*

432. Manon Lescaut. *Bleuet*, 1797. 2 vol. in-12, mar. r. *Ex. en grand papier. Figures avant la lettre.*

438. Le Sage. Histoire de Gil Blas, 1747. 4 vol. in-12, mar.

439. Le Sage. Histoire de Gil Blas, 1825. 3 vol. gr. pap. 165 *figures avant la lettre.*

444. Voltaire, Contes. 1778. 3 vol. in-8, *non rognés, figures avant les numéros.*

453. Œuvres de Crébillon fils, 1769. 7 vol. maroq.

465. Le Paysan et la Paysanne pervertis, 1784. 4 vol. in-12, *figures.*

468. Faublas. 4 vol. in-8, *papier vélin, figures avant la lettre.*

470. Les Liaisons dangereuses, 1796. 2 vol. in-8, *papier vélin, figures avant la lettre.*

473. Paul et Virginie, 1822. In-8, *figures avant la lettre et eaux-fortes.*

487. L'Anglais mangeur d'opium, 1828. In-12, cartonné, non rogné. *Édition originale.*

518. Boccace. Décaméron, 1757. 5 vol. in-8, mar. r., *figures d'Eisen.*

529. Fielding. Tom Jones, 1833. 4 vol. gr. in-8, mar. or. *Figures de Moreau avant la lettre et eaux-fortes.*

537. Lettres de Sévigné, 1861. 11 vol. *grand papier,* 254 *dessins ajoutés.*

545. Copies fac-simile, par Veinant. 29 vol. in-8 et in-12, *gothique.*

572. La Fontaine, 1814. *Figures de Moreau avant la lettre.*

575. Gessner. 4 vol. in-8. *Figures de Moreau avant la lettre et eaux-fortes.*

581. Collection du Dauphin. 17 vol. in-8, mar.

583. Collection du comte d'Artois. 64 vol. in-18, maroquin vert. (*Derome.*)

597. Flavius Joseph, 1701. 6 vol. in-8, gr. papier, mar. *figures.*

644. Tallemant des Réaux. Historiettes. 9 vol. in-8, grand papier. 288 *portraits ajoutés.*

645. Saint-Simon. 20 vol. in-8, *grand papier*, 332 *portraits ajoutés.*

680. Perrault. Les Hommes illustres, 1696-1700. In-fol. *grand papier.*

688. Brunet. 6 vol. in-8.

ORDRE DES VACATIONS

PREMIERE VACATION. — *Lundi* 27 *Mars* 1882.

	Numéros.
Beaux-Arts.	67 à 93
Poètes français.	163 à 250
Romans français et étrangers.	478 à 530
Poètes latins.	105 à 114
Ovide	111

DEUXIÈME VACATION. — *Mardi* 28.

Histoire, Antiquités, Biographie, Bibliographie.	587 à 688
Linguistique.	94 à 104
Épistolaires, Facéties, Ouvrages sur les femmes, Polygraphes et Collections.	531 à 586
Collection d'Artois.	583

TROISIÈME VACATION. — *Mercredi* 29.

Théatre.	330 à 376
Théologie, Sciences et Arts.	2 à 66
Poètes français.	131 à 162
Romans français.	445 à 477
Sainte Bible.	1

QUATRIEME VACATION. — *Jeudi* 30.

	Numéros.
POÈTES FRANÇAIS.	115 à 130
FABULISTES.	251 à 267
THÉATRE.	279 à 329
ROMANS.	377 à 444
CHANSONS.	268 à 278
Chansons de La Borde.	271

CATALOGUE

DES

BEAUX LIVRES FRANÇAIS

LA PLUPART EN GRAND PAPIER

Ornés de suites de vignettes avant la lettre

et eaux-fortes

ET RELIÉS PAR LES PRINCIPAUX ARTISTES MODERNES

COMPOSANT LA BIBLIOTHÈQUE

DE FEU M. EDMOND MAAS

THÉOLOGIE

1. LA SAINTE BIBLE en latin et en françois, suivie d'un dictionnaire étymologique, géographique et archéologique. *Paris, Lefèvre (de l'imprimerie de Jules Didot l'aîné),* 1828-1834. 13 vol. gr. in-8, figures de Devéria sur chine, mar. noir, fil. dent. int. tr. dor. (*Lortic.*)

   Bel exemplaire en GRAND PAPIER JÉSUS VÉLIN, auquel on a ajouté la suite des 300 figures de Marillier et Monsiau *avant la lettre*; les figures de Westall et Bird, les 120 figures de Moreau pour les Évangiles, *avant les numéros*; les suites de Owerbeck et de Johannot; beaucoup de gravures détachées, des titres enluminés, un dessin de Monsiau. — Ens. 573 pièces.

2. QUADRINS HISTORIQUES de la Bible. *A Lyon, chez Jean de Tournes,* 1553. — Quadrins historiques de l'Exode. 1553. Pet. in-8, mar. brun, dos orné, dentelles sur les plats, tr. dor. (*Hardy.*)

   La première partie contient 50 figures et la deuxième partie 121 figures attribuées au *Petit-Bernard*. L'exemplaire a 146 millim. de hauteur.

THÉOLOGIE.

3. FIGURES DU NOUVEAU TESTAMENT. *A Lion, par **Jean de Tournes**,* 1558 (67 planches pour le Nouveau Testament et 27 pour l'Apocalypse), accompagnées de sixains. Dédié à Marguerite, duchesse de Berri (fille de François Ier). Pet. in-8, mar. brun, janséniste, tr. dor. (*Trautz-Bauzonnet.*)

<small>160 millim. Bonnes épreuves.</small>

4. LES FIGURES DE LA BIBLE. *La Haye, chez Pierre de Hondt*, 1728. In-folio, 212 figures et un frontispice par Picart, Hoet, Houbraken. (Les explications sont en hébreu, anglais, allemand, latin, français et hollandais sans autre texte, le titre est en français.) Mar. brun, filets à la Du Seuil. (*Petit.*)

<small>Superbes épreuves en grand papier fort.</small>

5. LIVRE D'HEURES ou offices de l'Église illustrées d'après les manuscrits de la Bibliothèque du Roi, par Mlle A. Guilbert et publiées sous la direction de l'abbé Des Billiers, chanoine honoraire de Langres. *Paris*, 1843. In-8, papier vélin fort, mar. brun, filets à froid, doublé de mar. rouge, entièrement doré à l'intérieur, tr. dor. (*Niedrée.*)

<small>Très-bel exemplaire colorié. Ce livre, fait avec GOÛT ET SOIN, est peint à la main. La reliure est remarquable.</small>

6. LE TABLEAU DE LA CROIX, représenté dans les cérémonies de la Sainte Messe. *Paris, Mazot,* 1651. 2 frontispices, 1 portrait, 35 grav. et ornements divers, pet. in-8, mar. rouge, mosaïques sur les plats, genre Le Gascon, tr. dor. (*Capé.*)

<small>Bel exemplaire de cet ouvrage entièrement gravé.</small>

7. Imitation de Jésus-Christ, traduction nouvelle, avec le texte latin, par M. l'abbé P.-R. Rochette. *Paris, Lefèvre (imprimerie de J. Didot l'aîné),* 1830. Gr. in-8, figures, mar. noir, fil. dent. int. tr. dor. (*Lortic.*)

<small>Bel exemplaire en PAPIER JÉSUS VÉLIN auquel on a ajouté : 48 pièces de T. Johannot, Owerbeck, et Desenne *avant la lettre*, un portrait de Gerson et un portrait de Kempis; la Cène, *eau-forte de Petit* et autres pièces.</small>

8. L'Imitation de J.-C., traduction de Marillac, précédée d'une préface par Louis Veuillot. *Paris, Glady,* 1876. Gr. in-8, mar. bl. fil. dos orné, tr. dor. (*Cuzin.*)

<small>Très-bel exemplaire sur papier de Chine, figures *avant la lettre*.</small>

9. Le Jardin des roses de la vallée de Larmes; traduit du

latin, par Chenu. *Paris*, 1850. Pet. in-12, maroq. rouge, doublé de maroq. vert, compart. dor. sur les plats, tr. dor. semis de larmes à l'intérieur. (*Duru*.)

<small>Exemplaire en papier de Hollande.</small>

10. PASCAL. Les Provinciales, ou les Lettres écrites par L. de Montalte à un provincial de ses amis et aux RR. PP. Jésuites sur le sujet de la morale et de la politique de ces pères. *Cologne, Pierre de la Vallée*, 1657. In-12, maroq. brun, rel. jansén. tr. dor. (*Capé*.)

<small>Premier tirage sous cette date. (132 millim.)</small>

11. Nicolle. Choix des petits traités de morale. *Paris, Techener*, 1857. In-12, mar. bleu, large dentelle, dos orné, tr. dor. (*Hardy*.)

12. Pensées de M. Pascal sur la religion et sur quelques autres sujets, qui ont esté trouvées après sa mort parmy ses papiers. *A Paris, chez Guillaume Desprez*, 1670. In-12, cart.

<small>ÉDITION ORIGINALE. Elle se compose de 365 pages, de 41 ff. prél. et de 10 feuillets de table.</small>

13. Pascal. Pensées sur la religion et quelques autres sujets, qui ont été trouvées après sa mort..... *Paris, Desprez*, 1670. In-12, veau fauve, dos orné.

<small>Seconde édition sous cette date (334 pages).</small>

14. Catéchisme des gens mariés (par le Père Féline). *S. l. n. d.* In-12 de 53 pages, maroq. citron, fil. dos orné, tr. dor. (*Cuzin*.)

<small>Volume rare, ayant été supprimé.</small>

15. EXERCICE spirituel, où le Chrestien peut apprendre la manière d'employer le jour au service de Dieu. *Paris, Rocolet*, 1654. Front. sur le titre et 14 figures de G. Hurel, in-8, mar. rouge, dos orné, compartiments dorés et armes sur les plats, tr. dor. (*Anc. rel.*)

<small>Les armoiries se composent de cinq couronnes d'épines avec cette devise : *Ex spinis et cruce nostra salus*. Le chiffre composé des lettres P. D. M. R. est répété dix fois sur la reliure. Les gardes ont été renouvelées.</small>

16. BOSSUET. Sermon prêché à l'assemblée générale du clergé de France le 6 novembre 1681, à la messe solennelle du Grand Esprit dans l'église des Grands-Augustins. *Paris, Léonard*, 1682. In-4, maroq. brun, reliure jansén. tr. dor. (*Chambolle*.)

<small>Édition originale. Exemplaire en grand papier.</small>

17. Bossuet. Oraisons funèbres, suivies du sermon pour la profession de foi de Mme de la Vallière; du Panégyrique de saint Paul; et du Sermon sur la vocation des gentils; avec des notices, par Poujoulat. *Tours, Mame*, 1869. Gr. in-8, maroq. brun, fil. à la Du Seuil, dos orné, tr. dor. (*Masson-Debonnelle.*)

Exemplaire sur papier de Chine. Eaux-fortes de Foulquier.

18. Bossuet. Oraison funèbre de Henriette-Anne d'Angleterre, duchesse d'Orléans..... *Paris, Cramoisy*, 1670. In-4, fleuron sur le titre, 1 vign. et 1 cul-de-lampe gravés, maroq. roug. compart. à froid sur les plats, fil. (*Trautz-Bauzonnet.*)

ÉDITION ORIGINALE.

19. Bossuet. Oraison funèbre de Henriette-Marie de France, reine de la Grande-Bretagne..... *Paris, Cramoisy*, 1670. Pet. in-4, fleuron sur le titre, 1 vign. et 1 cul-de-lampe gravés, maroq. rouge, ornements à froid, tr. dor. (*Trautz-Bauzonnet.*)

ÉDITION ORIGINALE.

20. Bossuet. Oraison funèbre de Marie-Thérèse d'Autriche..... *Paris, Mabre-Cramoisy*, 1683. In-4, maroq. roug. fil. dos orné (*Chambolle.*)

ÉDITION ORIGINALE.

21. Bossuet. Oraison funèbre de très-haute et très-puissante princesse Anne de Gonzague de Clèves..... *Paris, Mabre-Cramoisy*, 1685. In-4, maroq. brun, reliure jansén. (*Petit-Simier.*)

Exemplaire en grand papier. ÉDITION ORIGINALE.

22. Bossuet. Oraison funèbre de très-haut et puissant seigneur Michel Letellier, chancelier de France..... *Paris, Cramoisy*, 1686. In-4, 1 vign. et 1 cul-de-lampe de Parosel, maroq. roug. reliure jansén. tr. dor. (*Thibaron.*)

ÉDITION ORIGINALE.

23. Bossuet. Oraison funèbre de très-haut et très-puissant prince L. de Bourbon, prince de Condé, premier prince du sang..... *Paris, Cramoisy*, 1687. Pet. in-4, maroq. brun, reliure janséniste. (*Thibaron.*)

ÉDITION ORIGINALE.

24. La Légende de sainte Ursule, d'après les anciens ta-

bleaux de l'église de Sainte-Ursule à Cologne, reproduits en chromolithographie. *Paris, Kellerhoven,* 1860. In-4, frontisp. et 21 fig. en couleur, maroq. brun, doublé de tabis roug. dos orné.

25. Chertablon. La Manière de se bien préparer à la mort, par des considérations sur la Cène, la Passion et la mort de J.-C. *Anvers, Gallet,* 1700. In-4, 42 fig. de Romain de Hooghe, maroq. noir, reliure jansén. (*Hardy.*)

<small>Très-belles épreuves.</small>

26. Préjugez légitimes contre les Calvinistes (par P. Nicole). *Paris, veuve Savreux,* 1671. In-12, mar. br. jans. tr. dor. (*Hardy.*)

27. DEMOUSTIER. Lettres à Émilie sur la Mythologie, par C.-A. Demoustier. *A Paris, chez A. Renouard,* 1801. 6 parties reliées en 3 vol. in-8, mar. rouge, fil. dos orné, tr. dor. (*Cuzin.*)

<small>Très-bel exemplaire en papier vélin, avec les figures de Moreau *avant la lettre*. On a joint les figures de Monnet *avant la lettre*.</small>

SCIENCES ET ARTS DIVERS

28. Collection des Moralistes anciens. *Paris, chez Debure, imprimerie de Didot,* 1782-95. 18 vol. pet. in-12, mar. bleu, ornements sur les plats, tr. dor.

<small>Exemplaire en papier vélin.</small>

29. Ciceronis de Amicitia dialogus. *Lutetiæ, Barbou,* 1771. In-24, mar. r. fil. tr. dor. (*Anc. rel.*)

<small>Portrait de Cicéron par Ficquet.</small>

30. Ciceronis Cato major. *Lutetiæ, Barbou.* In-24, mar. vert, fil. tr. dor. (*Anc. rel.*)

<small>Portrait par Ficquet.</small>

31. Les Essais de Michel, seigneur de Montaigne. Nouvelle édition mise en 3 vol. *Amsterdam, chez A. Michiels,* 1659.

3 vol. in-12, portrait de Montaigne au frontispice, mar. brun, filets à la Dusseuil, dos orné, tr. dor. (*Trautz-Bauzonnet.*)

<small>Cet exemplaire mesure 150 millimètres de hauteur sur 87 de largeur.</small>

32. Les PASSIONS DE L'AME, par R. Des Cartes. *A Amsterdam, chez Louis Elzevier, avec privilège du Roy.* In-12, mar. rouge, dos orné, tr. dor. (*Duru.*)

33. LA ROCHEFOUCAULD. Réflexions, ou Sentences et Maximes morales. *Paris, Claude Barbin,* 1665. In-12, frontisp. gravé, mar. brun, doublé de mar. rouge, comp. dor. sur les plats, dos orn. tr. dor. (*Thibaron.*)

<small>ÉDITION ORIGINALE. 150 pages, frontispice gravé. 23 ff. pour *l'Avis et le Discours,* et 5 ff. pour la table et le privilège (149 millimètres).</small>

34. LA ROCHEFOUCAULD. Réflexions, ou Sentences et Maximes morales. Quatrième édition, revue, corrigée et augmentée. *Paris, Claude Barbin,* 1675. In-12, mar. r. fil. tr. dor. (*Lortic.*)

<small>Titre gravé. Cette édition a 157 pages et renferme 413 maximes.</small>

35. La Rochefoucauld. Réflexions, ou Sentences morales. Sixième édition. *Paris, chez C. Barbin,* 1693. In-12, mar. brun jans. (*Trautz-Bauzonnet.*)

<small>On a rétabli dans cette édition posthume le Discours de Segrais. Elle renferme 504 maximes.
Exemplaire grand de marges (160 millimètres).</small>

36. La Rochefoucauld. Maximes et Réflexions morales. *Paris, imprimerie de Monsieur,* 1779. Pet. in-12, mar. rouge, dos orné, tr. dor. (*Anc. rel.*)

37. La Rochefoucauld. Réflexions, ou Sentences et Maximes de la Rochefoucauld. Textes de 1665 et 1678, revus par Royer. *Paris, Lemerre,* 1870. In-12, mar. brun, jans. tr. dor. (*Hardy.*)

<small>Exemplaire sur Chine.
Le portrait est avec et *avant la lettre.*</small>

38. LA BRUYÈRE. Les Caractères de Théophraste, traduits du grec, avec les Caractères ou les Mœurs de ce siècle, par La Bruyère. *Paris, Michallet,* 1688. In-12, mar. rouge, large dentelle intér. fil. dos orné. (*Thibaron.*)

<small>ÉDITION ORIGINALE (159 millimètres).</small>

39. La Bruyère. Les Caractères..... *A Paris, chez Est. Mi-*

challet, 1688. *Se vend, à Bruxelles, chez Jean Léonard.* In-12, mar. rouge, dos orn. fil. dent. int. tr. dor. (*Chambolle-Duru.*)

<small>Réimpression textuelle de l'édition originale.
Il n'y a pas d'*errata*, bien que les fautes d'impression de la première fautes aient été reproduites.</small>

40. La Bruyère. Les Caractères..... Seconde édition. *A Paris, chez Estienne Michallet,* 1688. In-18, mar. rouge, dos orné, fil. dent. int. tr. dor. (*Chambolle-Duru.*)

<small>Hauteur : 157 millimètres.</small>

41. La Bruyère. Les Caractères.... Troisième édition. *Paris, Michallet,* 1688. In-12, mar. rouge, dos orné, fil. dent. int. tr. dor. (*Chambolle-Duru.*)

<small>Hauteur : 160 millimètres.</small>

42. La Bruyère. Les Caractères de Théophraste, trad. du grec, avec les Caractères de ce siècle. *Paris, Michallet,* 1689. In-12, mar. r. fil. tr. dor. (*David.*)

<small>Quatrième édition.</small>

43. La Bruyère. Les Caractères...... Cinquième édition. *Paris, Michallet,* 1690. In-12, mar. rouge, dos orné, fil. tr. dor. (*Belz-Niedrée.*)

44. La Bruyère. Les Caractères..... Sixième édition. *Paris, Michallet,* 1691. In-12, mar. rouge, dos orné, fil. dent. int. tr. dor. (*Belz-Niedrée.*)

45. La Bruyère. Les Caractères..... Septième édition. *Paris, Est. Michallet,* 1692. In-12, mar. rouge, dos orné, fil. dent. int. tr. dor. (*Chambolle-Duru.*)

46. La Bruyère. Les Caractères de Théophraste, traduits du grec, avec les Caractères de ce siècle. *Paris, Michallet,* 1692. In-12, mar. rouge, fil. tr. dor. (*Hardy.*)

<small>Septième édition.</small>

47. La Bruyère. Les Caractères..... Huitième édition. *Paris, Michallet,* 1694. In-12, mar. rouge, dos orné, fil. dent. int. tr. dor. (*Chambolle-Duru.*)

<small>Portrait de La Bruyère, par Savart, ajouté.
C'est dans cette édition que paraît, pour la première fois, le Discours de réception de La Bruyère à l'Académie française.</small>

48. La Bruyère. Les Caractères de Théophraste, traduits du grec, avec les Caractères de ce siècle. *Paris, Michallet,*

1696. In-12, mar. rouge, fil. dos orné, tr. dor. (*Chambolle*.)

<small>Neuvième édition.
Exemplaire grand de marges (158 millimètres).</small>

49. La Bruyère. Les Caractères..... Dixième édition. *Paris, chez Est. Michallet,* 1699. In-12, mar. rouge, dos orné, fil. dent. int. tr. dor. (*Chambolle-Duru*.)

<small>Cette édition est la dernière donnée par Étienne Michallet, qui mourut quelque temps après.</small>

50. Le même ouvrage, même édition, même condition.

51. Les Caractères de Théophraste, traduits du grec avec les Caractères et les mœurs de ce siècle, par M. de la Bruyère, et la clef en marge et par ordre alphabétique. *A Paris, chez Estienne Michallet,* 1700. 2 vol. gr. in-12, mar. rouge, dos orné, fil. dent. int. tr. dor. (*Chambolle-Duru*.)

<small>A la fin du tome 2º se trouve : *Suite des Caractères de Théophraste et des Pensées de Pascal. Paris, Michallet,* 1699.</small>

52. Maximes et réflexions morales, extraites de La Bruyère (avec une notice sur la personne et les écrits de l'auteur, par J.-B.-A. Suard). *Paris,* 1781. Pet. in-8, mar. rouge, fil. tr. dor. (*Reliure ancienne*.)

53. LA BRUYÈRE. Les Caractères. *Tours, Mame,* 1867. Gr. in-8, 18 fig. à l'eau-forte, par Foulquier, mar. rouge, fil. à la Du Seuil. (*Lortic*.)

<small>Exemplaire SUR CHINE devenu presque introuvable, il n'a été tiré qu'à 12 exemplaires, et les autres volumes de la même collection à 20.</small>

54. VAUVENARGUES. Œuvres complètes. *Paris, Brière,* 1821. 3 vol. in-8, mar. rouge, fil. plats ornés, tr. dor. (*Doll*.)

<small>Bel exemplaire en grand papier vélin.</small>

55. Beyle (H.) (Stendhal). De l'Amour, par l'auteur de l'Histoire de la peinture en Italie et des Vies de Haydn et de Mozart. *Paris.* 2 vol. in-12 demi-rel. mar. rouge, tr. sup. dor. (*R. Petit*.)

<small>Exemplaire non rogné. Racc. ÉDITION ORIGINALE.</small>

56. Audiger. La Maison réglée et l'art de diriger la maison d'un grand seigneur et autres, tant à la ville qu'à la campagne, et le devoir de tous les officiers et domestiques en général, avec la véritable méthode de faire toutes sortes

d'essences d'eaux. *Amsterdam*, 1700. In-12, un frontispice et figures, mar. brun, fil. dos orné, tr. dor. (*Lortic.*)

<small>Ce livre donne des renseignements curieux sur le prix des objets à cette époque.</small>

57. Allen. Traité politique, traduit en françois, où il est prouvé, par l'exemple de Moyse, que tuer un tyran n'est pas un meurtre. *London*, 1658. Pet. in-12 de 94 pages, mar. vert, dos orné, tr. dor. (*Thouvenin.*)

58. Berthemin. Discours des eaux chaudes et bains de Plombières, en deux traitez. *Nancy*, 1615. In-12, mar. rouge, jans. tr. dor. (*Chambolle.*)

<small>Rare. Bel exemplaire.</small>

59. Histoire des rats, pour servir à l'histoire universelle. *A Ratopolis*, 1737. In-8, mar. bleu, fil. dos orné, tr. dor. (*Claessens.*)

<small>Frontispice et figures.</small>

60. Moncrif, Les Chats. *Paris, Quillau*, 1727. In-8, 8 fig. par Coypel et une vignette, mar. bleu, dos orné, tr. dor. (*Claessens.*)

<small>Bel exemplaire.</small>

61. REMÈDES certains et bien espyouvez contre la peste. *Paris, chez Nicolas Buffet*, 1545. Une figure sur le titre, 4 ff. et une figure sur la dernière page. — BRIEFVE INSTITUTION pour préserver et guérir de la peste. *On la vend à Paris, chez N. Buffet*, 1545. Fig. sur le titre, 8 ff. — TRAITÉ ET REMÈDE contre la peste, utiles et salutaires à gens de tous estatz, composé par M. Jehan Guido, docteur régent en l'Université de Paris. *Paris, en la maison de M. Buffet*, 1545. Fig. sur le titre, 8 ff. et fig. sur bois sur le dernier folio, pet. in-12, mar. vert, janséniste, tr. dor. (*Trautz-Bauzonnet.*)

<small>Exemplaire Yéméniz (n° 859). Ces pièces sont très-bien conservées et avec témoins.</small>

62. Fontenelle. Entretiens sur la pluralité des mondes. *Paris, Blageart*, 1686. In-12, planche, mar. brun, jans. tr. dor. (*Hardy.*)

<small>ÉDITION ORIGINALE (152 mill.)</small>

63. Astrophile le Roupieux. Grandes et récréatives prog-

nostications pour cette présente année 08145000470. *S. l. n. d.* In-12 de 31 pages, mar. bleu, rel. jans.

<small>Pièce rare, imprimée vers 1600.</small>

64. Le Livre du Roy Modus et de la royne Racio, nouvelle édition, conforme aux manuscrits, ornée de gravures faites sur les miniatures, avec une préface, par Elzéar Blaze. *Paris*, 1839. Gr. in-8, pap. de Holl. car. goth. mar. r. fil. tr. dor. (*Petit.*)

65. LA VÉNERIE DE JACQUES DU FOUILLOUX, gentilhomme, seigneur dudit lieu, pays de Gastine, en Poitou, dédiée au Roy Très-Chrestien, Charles neufiesme de ce nom, avec plusieurs receptes et remèdes pour guérir les chiens de diverses maladies. *Poitiers, par les De Marnefz et Bouchet frères*, 1562, in-4, mar. rouge, dos orné, fil. tr. dor. (*Trautz-Bauzonnet.*)

<small>Très-bel exemplaire de la seconde édition. Grand de marges.</small>

66. Le Parfait Cocher, ou l'Art d'entretenir un équipage en ville et à la campagne. *Liège*, 1777. In-12, mar. vert, reliure jans.

<small>Exemplaire non rogné.</small>

BEAUX-ARTS

67. Musée de peinture et de sculpture, ou recueil des principaux tableaux, statues, des collections publiques et particulières de l'Europe, dessiné et gravé à l'eau-forte, par Réveil. *Paris, Morel*, 1874. 10 gr. vol. in-12, fig. cart. non rog.

68. VINCI (Léonard de). Recueil de testes de caractère et de charges, gravé par le comte de Caylus. *S. l.* 1730. Pet. in-4, front. et 60 planches gravées, mar. bleu, fil. dos orné. (*Petit.*)

<small>Très-bel exemplaire. Grand de marges.</small>

69. L'Arétin d'A. Carrache. *A la nouvelle Cythère.* In-4, mar. vert. fil. dos orné, 20 figures avec texte explicatif. (*Simier.*)

<small>Très-rare. Figures avant la lettre.</small>

70. Petitot. Les Émaux du Musée du Louvre. Portraits de personnages historiques et de femmes célèbres du siècle de Louis XIV, avec études biographiques. *Paris, Blaisot,* 1862. 2 vol. in-4, mar. rouge, fil. dos orné. (*David.*)

<small>Très-bel exemplaire en grand papier vergé avec les portraits *avant la lettre sur chine.*</small>

71. Portalis (baron). Les Dessinateurs d'illustrations au xviii° siècle. *Morgand et Fatout,* 1877. Gr. in-8, mar. rouge, dos orné, tr. dor. (*Chambolle.*)

<small>Exemplaire *sur chine.* Eau-forte en tête en 3 états et 31 portraits des dessinateurs cités dans l'ouvrage ajoutés.</small>

72. Rabelais. 14 vignettes de Desenne et Thompson sur chine avant la lettre. In-8 remonté in-4.

73. Collection de gravures et portraits pour illustrer l'ouvrage de Cinq-Mars d'Alfred de Vigny.

<small>23 pièces in-4.</small>

74. Mérimée. Figures pour la Chronique de Charles IX, 7 pièces in-8 et in-4,

<small>Portraits de Charles IX et de Catherine de Médicis, avant la lettre et lettre grise; portrait de François de Lorraine, duc de Guise, de Poltrot, son assassin, et de François Lanoue, 3 dessins par Baudet-Bauderval, etc.</small>

75. Baudet-Bauderval, dessins relevés au pinceau. Portraits de Mlle Dupré, d'après Petitot, et de Françoise Lehesque, d'après un dessin de la Bibliothèque, 2 pièces.

76. Collection de femmes publiques rendues en traits de plume, par Bernard, professeur de MM. les pages de S. M. l'Empereur et Roy, 1807. 35 portraits en 1 vol. in-fol. mar. bleu, fil. dos orné. (*Masson-Debonnelle.*)

<small>Très-curieuse collection de portraits à la plume relevés de couleurs. Les coiffures sont toutes variées; au bas de chaque portrait se trouve une inscription tout au moins singulière.</small>

77. Dictionnaire des graveurs anciens et modernes depuis l'origine de la gravure, par Basan. *Paris,* 1789. 2 vol. in-8, 50 fig. grav. par différents artistes, mar. rouge, dos orné, tr. dor. (*Chambolle.*)

<small>Bel exemplaire auquel on a ajouté 24 figures de divers graveurs, la</small>

plupart avant la lettre. La figure du *Rossignol* est gravée par Picart. On a joint le prospectus de l'ouvrage.

78. Le Triomphe de la Mort, gravé d'après les dessins originaux de Jean Holbein, par Ch. de Méchel, graveur à Bâle. *S. l.* 1780. In-4, mar. rouge, comp. dorés tr. dor.

    Reproduction moderne.

79. Holbein. The celebrated Alphabet of Death illustrated with old borders, engraved on wood with latin sentences and english quatrains. *Paris, Tross*, 1856. In-8, mar. bleu, filets à froid.

80. LE THÉATRE DES BONS ENGINS auxquels sont contenus cent emblèmes moraux composé par Guillaume de la Perrière Tolosain. *De l'imprimerie de Denys Janot*, s. d. In-8, fig. mar. rouge, fil. dos orné. (*Trautz-Bauzonnet.*)

    Très-bel exemplaire de M. Quentin Bauchart.

81. LIVRET DES EMBLÈMES de maistre André Alciat mis en rime françoyse et présenté à monseigneur l'admiral de France (l'amiral Chabot). *On les vend à Paris en la maison de Chrestien Wechel, demeurant en la rue Saint-Jacques à lescu de Basle*, 1536. In-8, mar. rouge, dos orné, ornements sur les plats. tr. dor. (*Trautz-Bauzonnet.*)

    Cette édition comprend 105 emblèmes; chacune des figures est accompagnée du texte latin en caractères italiques et de la traduction française en caractères gothiques; jolie édition, fort rare.

82. PICTA POESIS ut picta poesis erit (Ant. Aneau). *Lyon, Bonhomme*, 1552. Pet. in-8, nomb. fig. à mi-page, mar. oliv. comp. dorés sur les plats, dos orné, tr. dor. (*Capé.*)

    Nombreuses figures d'emblèmes.
    Exemplaire Double.

83. VECELLIO. Costumes anciens et modernes (Habiti antichi et moderni, di tutto il mondo di Cesare Vecellio). *Paris*, 1859 et 1860. 2 v. in-8, 513 gravures encadrées, textes italien et français, mar. rouge, large dentelle, dos orné, tr. dor. (*Hardy.*)

    Exemplaire sur papier de Chine. Les épreuves sont très-belles.

84. SPECULUM HEROÏCUM. Les 23 livres d'Homère, réduits en tables démonstratives, figurées par Crespin de Passe, excellent graveur, avec argument poétique, par M. Hilaire Rouennois. *Trajecti Bat.*, 1613. In-8, front. 1 portrait

d'Hilaire et 23 grav. à mi-page, mar. br. jans. tr. dor. (*Petit-Simier.*)

<small>Belles figures d'emblèmes.</small>

85. Silenus Alcibiades, sive Proteus. *Middelburgi*, 1617. 2 part. en 1 vol. in-4, mar. la Vall. dentelles, tr. dor.

<small>Figures d'emblèmes. La seconde partie est reliée en tête du volume.</small>

86. LE CENTRE DE L'AMOUR découvert sous divers emblèmes galans et facétieux. *Paris, Cupidon,* 1687. Pet. in-4 oblong, front. et 92 planches, 1 vignette, mar. cit. fil. à la Du Seuil, dos orné, tr. dor. (*Chambolle.*)

<small>Bel exemplaire grand de marges.</small>

87. LES HÉROS DE LA LIGUE ou la Procession monacale conduite par Louis XIV pour la conversion des protestants de son royaume. *A Paris, chez Père Peters, à l'enseigne de Louis le Grand,* 1691. In-4, mar. rouge, dos orné, fil. tr. dor. (*Petit.*)

<small>Très-bel exemplaire de ce Recueil curieux de caricatures (29) des personnages qui jouèrent un rôle dans la révocation de l'Edit de Nantes. On a ajouté 3 figures en médaillon du même graveur.</small>

88. RENVERSEMENT DE LA MORALE CHRÉTIENNE par les désordres du monachisme, en hollandais et en français. *S. l. n. d.* 2 part. en 1 vol. in-4, 51 planch. ou caricatures avec quatrain satirique, mar. brun, filets à froid, rel. jans. tr. dor (*Trautz-Bauzonnet.*)

<small>Rare et recherché. Bonnes épreuves.</small>

89. LE THÉATRE DES NAIRS, ou Monde plein de fous, recueil de figures grotesques, 53 planches y compris le frontispice qui porte : *Il Callotto resuscitado. Amsterdam,* 1711. In-8, mar. rouge, fil. dos orné, tr. dor. (*Derome.*)

<small>Bel exemplaire de ce volume curieux. Les gravures sont de Folkema et autres. Belles épreuves.</small>

90. LE TEMPLE DES MUSES, orné de LX tableaux dessinés et gravés par B. Picard le Romain et autres habiles maîtres. *Amsterdam, Chatelain,* 1759. Gr. in-fol. planches gravées mar. grenat, compart. tr. dor. (*Claessens.*)

<small>Exemplaire en grand papier.</small>

91. GRAVELOT. Almanach iconologique, par Gravelot et Cochin. *Paris, Lattré,* 1765-1781. 17 vol. in-18, texte gravé, mar. rouge, tr. dor. (*Anc. rel.*)

<small>Le premier volume, en date de 1765, contient un frontispice général et</small>

le portrait gravé de Gravelot; tous les volumes contiennent un texte gravé et 12 figures, en tout 204 figures.

Exemplaire Desq.

92. Promenade ou itinéraire des jardins d'Ermenonville auquel on a joint 25 de leurs principales vues dessinées par Mérigot. *Paris,* 1788. In-8, mar. citr. dos orné tr. dor. (*David.*)

Papier de Hollande. On a joint à cet exemplaire 15 portraits de personnages cités dans l'ouvrage.

93. Iconographie des estampes à sujets galants et des portraits de femmes célèbres par leur beauté, par le comte d'I... *Genève, Gay,* 1868. In-8, demi-rel. mar. brun, dos orné. (*Claessens.*)

BELLES-LETTRES

I. LINGUISTIQUE.

94. RAMUS (La Ramée). Grammaire. *Paris, Wechel,* 1572. Pet. in-8, mar. rouge, reliure jans. tr. dor. (*Trautz-Bauzonnet.*)

Bel exemplaire, grand de marges.

95. LE GRAND DICTIONNAIRE DES PRÉCIEUSES, historique, poétique, etc., par le s^r de Somaize, secrétaire de Mme la connétable (Mancini) Colonna, dédié au duc de Guise. *Paris, J. Ribou,* 1661. 2 vol. pet. in-8, front. grav. au premier vol. formant titre et à la fin du deuxième vol. la clef du Grand Dictionnaire historique des prétieuses (46 pages), mar. rouge, filets, dos orné, tr. dor. (*Lortic.*)

96. Des bons mots et des bons contes, de leur usage, de la raillerie des anciens, de la raillerie et des railleurs de notre temps (attribué à de Callières). *Paris, Barbou,* 1692. In-12, mar. viol. fil. dos orné. (*Petit.*)

II. POÈTES GRECS.

97. L'Iliade et l'Odyssée d'Homère, nouvelle traduction. *Suivant la copie imprimée à Paris, chez Cl. Barbin, au Palais, sur le second perron de la Sainte-Chapelle,* 1682, 4 tomes en 2 vol. in-12, mar. orange, filets, tr. dor. (*David.*)

    Traduction de La Valterie, édition imprimée en caractères elzéviriens. Chaque partie contient un titre gravé et 24 figures de Schoonebeck.

98. ANACRÉON, SAPHO, BION ET MOSCHUS, traduction nouvelle en prose, suivie de la Veillée des fêtes de Vénus et d'un choix de poésies de différents auteurs, par M. M. C. (Moutonnet de Clairfons). *Paphos, et se trouve à Paris,* 1773. In-8, 2 fig. 9 vignettes et 9 culs-de-lampe, par Eisen, mar. brun, dos orné, tr. dor. (*Chambolle.*)

    Exemplaire en grand papier de Hollande.

99. ANACRÉON, Sapho, Bion et Moschus, trad. nouv. en prose, par (Moutonnet de Clairfons). *Paphos, et se trouve à Paris,* 1780. Gr. in-8, fig. d'Eisen, mar. bleu, filets, dos orné, tr. dor. (*Hardy.*)

    Exemplaire en grand papier de Hollande.

100. ANACRÉON. Odes, trad. par Saint-Victor. *Paris, Nicolle,* 1818. Gr. in-8, mar. bl. fil. tr. dor. (*Marius-Michel.*)

    Exemplaire en grand papier vélin, auquel a ajouté le portrait d'Anacréon, par Le Barbier, gravé par Gaucher, des figures de Corboul sur chine, de Girodet avec EAU-FORTE, de Moreau *avant la lettre,* ensemble 23 pièces gr. et 2 dessins, par Baudet-Bauderval et Leroi.

101. ANACRÉON. Poésies, texte grec, trad. fr. par Ambr. Firmin-Didot. *Paris, Didot,* 1864, in-12, mar. la Vallière, ornements sur les plats, dos orné, 54 sujets photographiés d'après les dessins de Girodet, tr. dor. (*Smeers.*)

102. HÉSIODE. Les Œuvres et les Jours, traduction par Chenu. *Paris, Panckouke,* 1844. In-18, maroq. brun, fil. à la Dusseuil, dos orné, tr. dor. (*Trautz-Bauzonnet.*)

    Tiré à cent exemplaires.

103. Pindare, Thébain, traduction du grec en français, mêlée de vers et de prose par Pierre de Langausie. *Paris,* 1626. Pet. in-8, figures, veau fauve, fil. dos orné, tr. dor. (*Thompson.*)

104. Les Amours de Léandre et de Héro, poème de Musée le grammairien, traduit du grec en français. *Paris, Nyon*, 1784. Frontisp. de Cochin. In-16, maroq. citron, dos orné, milieux sur les plats, tr. dor. (*David.*)

On a ajouté huit figures dont deux EAUX-FORTES.

III. POÈTES LATINS.

105. Publii Virgilii Maronis Opera. *Londini, Joh. Pine*, 1755. In-8, nombr. fig. maroq. rouge, dent. sur les plats, dos orné, non rogné. (*Chambolle.*)

Édition non gravée qui n'a pas été continuée.
Les Bucoliques et les Georgiques seules ont paru. Ce volume est rempli de figures.

106. QUINTI HORATII FLACCI Opera. *Londini, æneis tabulis incidit Johannes Pine*, 1733-1737. 2 vol. in-8, texte gravé 2 fleurons et 257 illustrations. 1 front., vignettes et culs-de-lampe, mar. rouge avec riche dentelle sur les plats, tr. dor. (*Chambolle.*)

Superbe exemplaire non rogné et du PREMIER TIRAGE. On a ajouté les 169 eaux-fortes (*tirées à part*), gravées pour la traduction du comte Siméon.

107. Horatii Opera cum commentario. *Parisiis, Didot*, 1855. In-12, maroq. bleu. (*Andrieux.*)

Texte encadré et vignettes.

108. HORACE. Les Œuvres, traduction de Janin. *Paris*, 1865. In-12, maroq. bleu, rel. jansén. tr. dor. (*Simier.*)

Exemplaire en papier fort.

109. Recueil de diverses pièces d'Horace, d'Ovide, Catulle, Martial et Anacréon; aussi la traduction du 1er chant de l'Adonis du chevalier Marin, par le président Nicole. *Jouxte la copie chez Ch. de Sercy*, 1666. Pet. in-12, mar. rouge, filets, dos orné. (*Thibaron.*)

Bel exemplaire de ce joli volume aux fleurons elzeviriens. (126 mill.)

110. OVIDE. Les Métamorphoses d'Ovide, en latin, traduites par Banier (texte hollandais et latin). *Amsterdam, Wetstein et Smith*, 1732. 2 tomes en 1 vol. in-fol. front. par Picard, 2 fleurons sur les titres, par Overbecke; 1 vi-

gnette, par L. T. D. B. 124 figures dans le texte et 3 planches, contenant chacune deux figures, mar. violet, filets à la Dusseuil, dos orné. tr. dor. (*R. Petit.*)

Exemplaire en grand papier, avec témoins.
Premières épreuves.

111. OVIDE. Les Métamorphoses d'Ovide en latin et en français, de la traduction de l'abbé Banier. *Paris*, 1767 à 1771. 4 vol. in-4, 140 figures dont 1 frontispice, 3 planches de dédicace, 4 fleurons, 30 vignettes et 1 cul-de-lampe par Boucher, Eisen, Gravelot, Monnet, Moreau, etc. Ensemble 5 vol. in-4, mar. rouge, filets, dos orné, tr. dor. (*Trautz-Bauzonnet.*)

On a ajouté à cet exemplaire hors ligne, qui provient de la bibliothèque PAILLET, les figures *avant la lettre*, épreuves de choix, quelques-unes, même avant le nom de l'artiste, les fleurons, vignettes et culs-de-lampe *avant toute lettre* et 38 EAUX-FORTES.
Le cinquième volume comprend les 142 figures avant la lettre d'après Lebarbier, Monsiau et Moreau, exécutées pour l'édition Villenave.

112. La Pharsale de Lucain, trad. par Brebeuf. *Leide, Elsevier*, 1658. Pet. in-12, titre et fleuron gravés, maroq. bleu, fil. dos orné. (*Lortic.*)

127 millimètres.

113. La Morale des poètes, ou Pensées extraites des plus célèbres poètes latins et français, par M. Moustalon. *Versailles, Lebel*, 1809. In-12, maroq. rouge janséniste, tr. dor. (*Petit-Simier.*)

Exemplaire en grand papier vélin.

114. LOUANGES DE LA SAINTE VIERGE, composées en rimes latines, par saint Bonaventure, et mises en rimes françoises, par P. Corneille. *Rouen, et se vend à Paris, chez Quinet*, 1665. Pet. in-12, de 4 ff. et 83 pages, une figure, front. représentant la Vierge, par Lebrun, mar. rouge avec fleuron sur le plat, doublé de maroq. vert, large dentelle, tr. dor. (*Thibaron.*)

ÉDITION ORIGINALE.
Très-bel exemplaire (151 millimètres).

IV. POÈTES FRANÇAIS.

115. LA CHANSON DE ROLAND, texte critique accompagné d'une traduction nouvelle, et précédé d'une introduction

historique par Léon Gautier. *Paris, Mame,* 1872. Gr. in-8, 12 eaux-fortes de Chiffart et Foulquier, maroq. rouge, fil. à la Dusseuil, dos orné, tr. dor. (*Lortic.*)

<small>Exemplaire sur Chine.
Épreuves avant toute lettre.</small>

116. FABLES ET CONTES des xiie et xiiie siècles, traduits et extraits par Legrand d'Aussy. *Paris, Renouard,* 1829. 5 vol. gr. in-8, maroquin. la Vall. dos orné, tr. dor. (*Lortic.*)

<small>Splendide exemplaire en grand papier vélin. Les gravures de Moreau sont en 3 états *avant la lettre sur chine, sur soie et* EAUX-FORTES.</small>

117. BLASONS, poésies anciennes recueillies et mises en ordre par D. M. M. (Méon). *Paris, Guillemot,* 1807. In-8, maroq. citron, filets, dos orné, tr. dor. (*Hardy.*)

<small>Cartons pour les pages 53 à 64.</small>

118. LE ROMMANT DE LA ROSE, nouvellement reveu et corrigé, outre les précédentes impressions. *Imprimé à Paris pour maistre Pierre Vidoue, demeurant devant le collège de Reims,* 1538. Petit in-8, caractères gothiques, gravures sur bois dans le texte. A la dernière page la marque de P. Vidoue, mar. brun, fil. dentelles, dos orné, tr. dor. (*Hardy.*)

<small>Édition rare et bien exécutée.</small>

119. LE ROMAN DE LA ROSE, par Guillaume de Lorris et Jean de Meun dit Cloppinel, reveu sur plusieurs éditions et sur quelques anciens manuscrits. *Amsterdam, chez J.-F. Bernard,* 1735. 3 vol. in-12. — Supplément au glossaire du Roman de la Rose, contenant des notes critiques, historiques et grammaticales, une dissertation sur les auteurs de ce roman, etc. *Dijon, P. Sirot,* 1737. Ensemble 4 vol. in-12, mar. rouge, dos orné, dent. sur les plats, tr. dor.

120. La Patenôtre des vérollez avec leur complainte contre les médecins. S. l. n. d. In-12, maroq. bleu, dorures sur les plats, dos orné. (*Trautz-Bauzonnet.*)

<small>Réimpression goth. Papier de Hollande.</small>

121. La Patenôtre des vérollez avec leur complainte contre les médecins. *S. l. n. d.,* in-12, maroq. rouge, reliure jansén. tr. dor. (*Hardy.*)

<small>Réimpression. Exemplaire *sur chine*. A la suite se trouvent les Ténèbres du Champ Gaillard, réimpression *sur chine*.</small>

122. S'ensuivent les Ténèbres du Champ Gaillard et se peuvent chanter ou lire à plaisir. *Imp. à Paris, par N. Buffet, s. d.* In-8, maroq. brun, ornements à froid. (*Trautz-Bauzonnet.*)

> Réimpression à 62 exemp., par les soins d'A. Veinant, d'un opuscule très-rare.

123. L'Épitaphe du père Olivier Maillard. *S. l. n. d.* In-12, pap. de Holl. mar. brun, dos orné, ornements sur les plats, tr. dor. (*Trautz-Bauzonnet.*)

> Charmante reliure.

124. Épitaphe du frère Olivier Maillard. *S. l. n. d.* In-12, mar. rouge, janséniste, tr. dor. (*Hardy.*)

> L'un des six exemplaires sur Chine.

125. COLLECTION d'anciens poètes français. *Paris, A.-U. Coustelier*, 1723-24. 10 vol. pet. in-8, maroq. vert, fil. dos orné, tr. dor. (*Hardy.*)

> Bel exemplaire.

126. SURVILLE (Clotilde de). Poésies de M. E. Clotilde de Wallon Châlys depuis Mme de Surville, poëte français du XVe siècle nouvelle édition publiée par C. Vanderbourg, ornée de gravures d'après les dessins de Collin. *Paris, Nepveu*, 1824. Grand in-8, 1 frontispice, 1 portrait et 5 gravures en noir sur chine avant lettre et coloriées. — Poésies inédites de M. E. Clotilde, publiées par Rojoux et Nodier. *Paris, Nepveu*, 1827. In-8, avec portrait et 4 figures noires avant la lettre chine et coloriées. Ensemble 2 vol. in-8, maroq. bleu, plats et dos ornés, tr. dor. (*Hardy.*)

127. LES ŒUVRES DE CLÉMENT MAROT, de Cahors, valet de chambre du Roy. *La Haye, Adrian Moetjens, marchand libraire*, 1700. 2 vol. in-12, mar. rouge, filets dos orné, tr. dor. (*Chambolle.*)

> Bel exemplaire de cette édition recherchée (131 mill.).

128. ŒUVRES DE CLÉMENT MAROT, valet de chambre du Roy. *Lyon, Scheuring*, 1869. 2 v. in-8, portrait de Marot, mar. rouge, filets dos orné tr. dor. (*Hardy.*)

> Papier teinté. Tiré à petit nombre.

129. MARGUERITE DE VALOIS. La fable du faulx Cuyder contenant l'histoire des Nymphes de Diane, transmuées en

saulles, faite par une noble dame de la Cour, envoyée à Mme Marguerite fille unique du Roy de France. *Imprimé par A. Saulnier, s. l.*, 1543. In-12 de 19 ff. mar. la Vallière orn. sur le plat, dos orné, tr. dor. (*Trautz-Bauzonnet.*)

<small>Bel exemplaire.</small>

130. LE TOMBEAU DE MARGUERITE DE VALOIS, royne de Navarre, faict premierement en disticques latins, par les trois sœurs princesses, Anne, Marguerite et Jeanne de Seymour, en Angleterre, depuis traduit en grec, italien et françois par plusieurs des excellents poètes de la France. *A Paris, à l'imprimerie de Michel Fezandat,* 1551. Pet. in-8, mar. vert, orn. sur le plat, filets dos orné tr. dor. (*Lortic.*)

<small>Très-bel exemplaire de M. H. Bordes (167 mill.).</small>

131. RONSARD. Le Tombeau du feu Roy Très-Chrestien, Charles neufiesme, Prindc (sic) très-débonnaire, très-vertueux et très-éloquent, par Pierre de Ronsard, aumosnier ordinaire de Sa Majesté, et autres excellents poëtes de ce temps. *Lyon, Benoist Rigaut,* 1574. In-12, de 8 f. un fleuron sur le titre, mar. brun, riches compart. dorés sur le plat, dos orné, tr. dor. (*David.*)

<small>Réimpression de l'édition originale de Paris.</small>

132. LE PARNASSE DES POËTES FRANÇOIS MODERNES, contenant leurs plus riches et graves Sentences, Discours, Descriptions et doctes renseignements recueillis par feu Gilles Corrozet. *A Paris, pour Robert le Magnier, rue Neuve Nostre-Dame, à l'image saint J.-B. et en sa boutique du Palais par où on va à la Chancellerie,* 1578. In-16, 144 pages, 48 ff. pour la table, mar. orange, janséniste tr. dor. (*Capé.*)

133. La Puce de Mme des Roches, qui est un recueil de divers poëmes composés par plusieurs doctes personnages aux grands jours tenus à Poitiers, en 1579. *Paris, Jouaust,* 1868. In-12, maroq. roug., dos orné, tr. dor. (*Chambolle.*)

134. Imitations du latin de Jean Bonnefons, avec autres gayetés amoureuses de l'invention de l'autheur. *Paris, l'Angelier,* 1587. In-12, maroq. la Vall. mosaïque, doublé de maroq. vert, dent. tr. dor.

<small>Exemplaire Desq.</small>

135. Les Satyres et œuvres folastres du sieur Regnier, dernière édition, augmentée de plusieurs pièces de pareille estoffe tant des sieurs de Sigongne, Motin, Bertelot qu'autres des plus beaux esprits du temps. *Paris, chez Rollin Baragnes,* 1616. Petit in-8, maroq. rouge, filets, dos orné, tr. dor. (*Capé.*)

136. Œuvres de Regnier, édition L. Lacour. *Paris, Académie des Bibliophiles,* 1867. In-8, maroq. rouge, filets, dos orné, tr. dor. (*Chambolle.*)

137. Œuvres de Regnier, texte original avec notice, variantes et glossaires par E. Courbet. *Paris, Lemerre,* 1869. In-12, mar. rouge, filets, dos orné, tr. dor. (*Hardy.*)

Exemplaire *sur chine*.

138. Malherbe. Les Poésies de messire François de Malherbe, gentilhomme ordinaire de la chambre du Roy, précédées de sa vie par le marquis de Racan. *Paris, Hachette,* 1862. Grand in-8, orné de 30 portraits, mar. bleu, dentelle, dos orné, tr. dor.

Exemplaire en grand papier vélin. Très-bel exemplaire.

139. Discours joyeux en façon de sermon, faict avec notable industrie par maître Jean Pinard, sur les climats et finages des vignes, adjousté le Monologue du Vigneron sortant de sa vigne et retournant le soir en sa maison. *Aucerre, Vatard,* 1607. Pet. in-8, mar. roug., jans. tr. dor. (*Hardy.*)

Facétie en vers. Réimpression faite par les soins de Veinant et tirée à 62 ex.
Exemplaire *sur chine*.

140. Saint-Amand. La Rome ridicule, caprice. S. l., 1649. Petit in-12, de 46 pages, mar. rouge, janséniste, tr. dor. (*Thibaron.*)

Très-jolie édition (129 mill.).

141. Chapelain. La Pucelle, ou la France délivrée, poëme héroïque. *Paris, Courbé,* 1657. In-12, frontisp. et fig. grav. maroq. roug., rel. janséniste. (*Duru.*)

On a ajouté un second volume, même reliure, contenant, en manuscrit, les 12 derniers chants qui n'ont jamais été imprimés. On a placé dans ce vol. deux gravures et un portrait.

142. La Muse coquette et plusieurs autres vers d'amour et

de galanterie, recueillis par le sieur Colletet. *Paris, Loyson,* 1659. In-12, mar. roug. fil. tr. dor. (*Hardy.*)

143. PARNASSE SATYRIQUE du sieur Théophile. *S. l.,* 1660. In-12, mar. bl., doublé de mar. roug., dent., fil. tr. dor. (*Trautz-Bauzonnet.*)

Édition donnée par les Elzévier et très-rare. Bel exemplaire. 126 mill.

144. LE CABINET SATYRIQUE, ou Recueil parfait des vers piquants et gaillards de ce temps, tiré des secrets cabinets des sieurs de Sigognes, Regnier, Motin, Berthelot, etc... *S. l.,* 1666. 2 vol. pet. in-12, maroq. roug., fil. dos orné, tr. dor. (*Duru.*)

Jolie édition elzevirienne. 124 mill.

145. Théophile. Les Œuvres, divisées en trois parties. *Paris, Ant. de Sommaville,* 1661. In-12, mar. vert, janséniste tr. dor. (*R. Petit.*)

146. Théophile. Le Parnasse satyrique, avec le recueil des plus excellents vers satyriques de ce temps et glossaire. *Paris et Gand,* 1861. 2 vol. in-12, maroq. rouge, dos orné tr. dor.

Tiré à petit nombre.

147. Furetière. Poésies diverses du sieur Furetière, augmentées et corrigées. *A Paris, chez Louis Billaine, au Palais,* 1664. In-12, mar. vert, dos orné, dentelles sur le plat, tr. dor. (*Petit-Simier.*)

Exemplaire Pardonneau.

148. LA VILLE DE PARIS EN VERS BURLESQUES, par le Sr Berthaud, dernière édition, augmentée de la Foire Saint-Germain, par Scarron. *Paris, Raffé,* 1665. In-12, mar. rouge, dos orné, tr. dor. (*Thouvenin.*)

A la fin se trouve *le Tracas de Paris, ou la seconde partie de la ville de Paris, en vers burlesques* (par le Sr Colletet), 1666. Exemplaire Nodier.

149. Recueil de quelques pièces nouvelles et galantes en vers et en prose. *Cologne, Marteau,* 1667. 2 tomes en 1 vol. in-12, maroq. roug. dos orné, tr. dor. (*Bozérian.*)

133 mill.

150. Les Poésies facétieuses par les beaux esprits de ce temps. *S. l.,* 1662. In-12, de 93 pages, maroq. la Vallière, fil. comp. sur les plats, dos orné, tr. dor. (*Capé.*)

Édition elzévirienne avec la tête de buffle dans le premier fleuron. 130 mill. Exemplaire Bordes.
Voir : *Willems, les Elzevier.*

151. Diverses Poésies du chevalier d'Aceilly. *Paris, Cramoisy*, 1667. In-12, mar. bleu, avec armoiries sur les plats. (*Duru*.)

<small>Cet exemplaire porte la mention : *Se donne au Palais*, qui est rare parce que l'éditeur la fit changer de suite, le public l'ayant prise au sérieux. Exemplaire grand de marges (149 mill.).</small>

152. Nostradamus. Les Vraies Centuries et prophéties de maistre Michel Nostradamus où se voit représenté tout ce qui s'est passé tant en France, Espagne, Italie, Allemagne, Angleterre, qu'autres parties du monde, avec la vie de l'autheur. *Amsterdam, chez J. Janson à Waesberge*, 1668. In-12, titre gravé, portrait de Nostradamus, mar. rouge, filets et orn. sur les plats, dos orné, tr. dor. (*Lortic*.)

<small>Exemplaire très-grand de marges (131 mill.). Jolie édition donnée par les Elzevier.</small>

153. Satires du sieur D*** (Boileau-Despréaux). *Paris, Billaine et Thierry*, 1668. In-12, frontispice, maroq. rouge, fil. à la Du Seuil, tr. dor. (*Raparlier*.)

154. Boileau. Œuvres diverses du sieur D***, avec le Traité du sublime et du merveilleux dans le discours, traduit du grec de Longin. *Paris, Thierry*, 1674. In-4, fig. de Chauveau, mar. rouge, reliure jansén. (*Allô*.)

<small>Première édition sous le titre d'*Œuvres*.</small>

155. Boileau-Despréaux. Œuvres diverses du sieur D***, avec le Traité du sublime. *Paris, Thierry*, 1675. In-12, frontisp. et vign. de Landry, maroq. rouge, fil. dos orné, tr. dor. (*Lortic*.)

156. Boileau-Despréaux. Œuvres diverses, avec le Traité du Sublime. *Paris, Thierry*, 1701. 2 vol. in-12, front. gr. et fig. maroq. rouge, reliure jansén. tr. dor. (*Hardy*.)

<small>Cette édition est la dernière publiée du vivant de Boileau et la première dans laquelle se trouve son nom. C'est *l'édition favorite*. La XIe satire et quelques petites pièces y parurent pour la première fois.</small>

157. Boileau-Despréaux. Œuvres posthumes. *Rotterdam*, 1716. In-12 de 48 pages, maroq. bleu, reliure jansén. tr. dor. (*Thibaron*.)

<small>Ce volume rare n'est pas indiqué dans le *Manuel*. Il contient quelques pièces authentiques qui parurent ici pour la première fois et beaucoup d'autres apocryphes. Bel exemplaire.</small>

158. Boileau-Despréaux. Œuvres choisies. *Paris, Didot*,

1781. In-16, mar. rouge, dent. sur les plats, dos orné, tr. dor. (*Hardy.*)

<small>Exemplaire avec les armes du comte d'Artois sur le titre. Papier vélin. Portrait de Boileau et figures de Choquet, *avant la lettre*, ajoutés.</small>

159. BOILEAU-DESPRÉAUX. Œuvres, avec les commentaires. *Paris, Desoer*, 1821. 4 vol. in-16, réglés, maroq. rouge, reliure jansén. (*Belz-Niedrée.*)

<small>Exemplaire *non rogné*.</small>

160. BOILEAU. Œuvres, avec un commentaire par Amar. *Paris, Lefèvre*, 1824. 4 vol. in-8, maroq. rouge, fil. dos orné. tr. dor. (*Hardy.*)

<small>Exemplaire en GRAND PAPIER JÉSUS VÉLIN auquel on a ajouté la suite de Girodet, les figures de l'édition Blaise, les figures de Moreau, avec et *avant la lettre*, la suite de Desenne pour le Lutrin, *avant la lettre* et de nombreux portraits avec ou *avant la lettre*. En tout 93 pièces.</small>

161. BOILEAU-DESPRÉAUX. Satires..., avec introduction et notes, par F. de Marescot. *Paris, Académie des bibliophiles*, 1868. In-8, maroq. bleu, fil. dos orné, tr. dor. (*Petit.*)

<small>L'un des 20 exemplaires *sur chine*. On a ajouté 29 portraits anciens et modernes.</small>

162. BOILEAU. Œuvres poétiques, avec notice, par Poujoulat. *Tours, Mame*, 1870. Gr. in-8, maroq. rouge, fil. à la Du Seuil, comp. dor. sur les plats, doublés de maroq. vert, large dent. intérieure, dos orné, tr. dor. (*Hardy.*)

<small>Exemplaire sur *papier de Chine*. Eaux-fortes de Foulquier.</small>

163. Recueil des contes du sieur de la Fontaine, les Satires de Boileau et autres pièces curieuses. *Amsterdam, Werhoeven*, 1669. Pet. in-12, fil. comp. dor. sur les plats, dos orné. (*Thibaron.*)

<small>Très-rare. 125 mill.</small>

164. LA FONTAINE. Contes et nouvelles. *Amsterdam, Brunel*, 1696. 2 tomes en 1 vol. in-12, fig. à mi-page de Romein de Hooge, maroq. rouge, fil. dos orné, tr. dor. (*Lortic.*)

165. LA FONTAINE. Contes et nouvelles en vers. *Amsterdam*, 1762. 2 vol. in-8, portraits, fig. vign. et culs-de-lampe par Eisen, Choffard, etc....., maroq. rouge, mosaïques de maroq. vert, dorure à petits fers sur les plats, dos orné, tr. dor. (*Thibaron.*)

<small>Bel exemplaire de l'édition dite *des Fermiers généraux*. Les deux figures du tome second ont la remarque.</small>

166. La Fontaine. Contes et nouvelles. *Amsterdam*, 1764. 2 vol. in-8, maroq. rouge, fil. dos orné, tr. dor. (*Petit*.)

Contrefaçon de l'édition dite *des Fermiers généraux.* On a ajouté quelques figures de Moreau.

167. La Fontaine. Contes et nouvelles en vers. *Amsterdam*, 1776. 2 vol. pet. in-8, maroq. orange, dos orné, tr. dor. (*Hardy*.)

Frontispice gravé et figure à chaque conte.

168. La Fontaine. Contes et nouvelles en vers. *Paris, Didot*, 1795. 2 vol. in-12, maroq. orange, fil. dos orné. (*Petit*.)

Exemplaire en grand papier vélin auquel on a ajouté 5 portraits de la Fontaine, les figures de Moreau et la suite de Duplessis-Bertaux et Coiny, *avant la lettre*. En tout 108 figures et 5 portraits.

169. La Fontaine. Contes et nouvelles en vers, texte original, avec notes, par Pauly. *Paris, Lemerre*, 1868. 2 vol. in-12, mar. bl. fil. tr. dor. (*Hardy*.)

Exemplaire sur *papier de Chine*.

170. Recueil des meilleurs contes en vers. *Londres. Cazin*, 1782. 4 vol. in-18, 1 portr. de la Fontaine et nombr. vign. de Duplessis-Bertaux, maroq. la Vallière, dos orné, tr. dor. (*David*.)

Bel exemplaire, grand de marges.

171. Œuvres satyriques de P. Corneille Blessebois. *Leyde*, 1676. 2 tomes en 1 vol. petit in-12, frontispice gravé, maroq. citron, fil. dos orné, tr. dor. (*Trautz-Bauzonnet*).

Très-bel exemplaire (130 mill.). Ce volume se place dans la collection des Elzevier. Il est composé de 5 parties. On trouve de plus dans quelques exemplaires Mlle *de Scay*, 24 pages.
Celui-ci contient : l'*Almanach des Belles* pour 1676, — l'Eugénie, — le Rut, en trois parties.
Ce volume est extrêmement rare.

172. Sablé (marquise de). Maximes et poésies diverses. *A Paris, chez Mabre-Cramoisy*, 1678. In-12 de 90 pages, mar. vert, fil. dos orné, tr. dor. (*Thibaron*.)

Édition originale de ces maximes à la suite desquelles sont imprimées des pensées diverses de M. L. D. (l'abbé Dailly, chanoine de Lisieux). Exemplaire non rogné.

173. Poésies de Mme Deshoulières. *A Paris, chez la veuve de S.-M. Cramoisy*, 1688. Pet. in-8, mar. bleu, fil. dos orné, tr. dor. (*Brany*.)

174. Deshoulières (Mme). Œuvres choisies. *Paris, Didot*,

1795. In-12, maroq. vert, large dentelle, dos orné, tr. dor. (*Duru.*)

<small>Exemplaire en grand papier vélin, auquel on a ajouté trois portraits et 3 figures de Marillier, *avant la lettre.*</small>

175. L'Élite des poésies héroïques et gaillardes de ce temps, augmentée de plusieurs manuscrits nouvellement mis en lumière. *S. l.* 1693. In-12, fleuron gravé sur titre, maroq. citr. fil. dos orné, tr. dor. (*Trautz-Bauzonnet.*)

<small>Exemplaire Quentin-Bauchart.</small>

176. Voltaire. La Henriade. *Londres,* 1728. In-4, frontisp. fleur. sur le titre, fig. vign. et culs-de-lampe par différents artistes, mar. bleu, fil. dos orné (*Chambolle.*)

<small>Édition publiée à Londres par souscription et dédiée à la Reine d'Angleterre.</small>

177. Voltaire. La Pucelle d'Orléans, poëme en 21 chants, avec notes. *Londres (Cazin),* 1780. 2 vol. in-12, 1 frontisp. et 21 vign. de Duplessis-Bertaux, mar. la Vallière, fil. dent. sur les plats, dos orné, tr. dor. (*David.*)

<small>Exemplaire en grand papier, auquel on a ajouté 2 portraits de Voltaire, 2 portraits de Jeanne d'Arc et 78 figures, portraits ou culs-de-lampe de Moreau, Gravelot et autres.</small>

178. Voltaire. La Pucelle d'Orléans, poëme héroïque en 18 chants. *Londres, Cazin*, 1780. In-18, frontisp. et 18 fig. de Borel, mar. rouge, fil. dos orné, tr. dor. (*Reliure ancienne.*)

179. Œuvres choisies de Gresset. *Paris, Didot,* 1784. In-18, avec portrait, demi-rel. mar. rouge, n. rog. (*Brany.*)

<small>Exemplaire en papier fin, avec les armes du comte d'Artois sur le titre.</small>

180. Œuvres de Gresset. *Paris, Renouard,* 1811. 2 vol. in-8, mar. bleu, dos orné, fil. tr. dor. (*Petit.*)

<small>On a illustré cet ouvrage de 34 portraits, dont 3 de Gresset, de 11 figures non signées et remontées, de 7 figures de Moreau, in-12, tirées in-8
Les figures de Moreau pour cette édition sont *avant la lettre.*</small>

181. Poëmes de Gresset. *Paris, Jouaust.* 1857. Grand in-8, mar. rouge, dos orné, 3 fil. tr. dor. (*Thibaron.*)

<small>Exemplaire sur peau vélin, auquel on a joint 2 portraits de Gresset, et les 7 figures de Moreau *avant la lettre.*</small>

182. Robespierre. Éloge de Gresset. *Paris, Acad. des Bi-*

blioph., 1868. ln-8, mar. bleu, fil. dos orné, tr. dor. (*Thibaron.*)

<small>Exemplaire sur PEAU VÉLIN. On a ajouté 3 portraits de Robespierre et 1 portrait de Gresset.</small>

183. Dorat. Les Tourterelles de Zelmis, poëme en 3 chants (*Paris,* 1766). In-8, un titre-frontisp., une figure-vignette et un cul-de-lampe, par Eisen, mar. citron, fil. dos orné. (*Cuzin.*)

<small>Papier de Hollande.</small>

184. Rozoy (DU). Les Sens, poëme en 6 chants. *Londres,* 1766. In-8, 7 figures d'Eisen et de Wille, 6 vignettes et 2 culs-de-lampe, mar. bleu, fil. dos orné, tr. dor. (*Thibaron.*)

<small>Exemplaire en grand papier de Hollande.</small>

185. Pezay (Le marquis de). Zélis au bain, poëme en 4 chants. *Genève, s. d.* In-8, titre, fig. vign. et culs-de-lampe d'Eisen, mar. rouge, dos orné, tr. dor. (*Trautz-Bauzonnet.*)

186. Pezay (Le marquis de). La Nouvelle Zélis au bain. *Genève,* 1768. In-8, titre, fig. vign. et culs-de-lampe d'Eisen, mar. citron, fil. dos orné, tr. dor. (*Hardy.*)

<small>Papier de Hollande avec témoins.</small>

187. DORAT. Irza et Marsis, ou l'Isle Merveilleuse, poëme en deux chants, suivi d'Alphonse, conte; les Cerises, conte. *La Haye, et se trouve, à Paris, chez Delalain,* 1769. In-8, 5 figures et vignettes d'Eisen, mar. rouge, larges dentelles sur les plats, tr. dor. (*Bertrand.*)

<small>Papier de Hollande.</small>

188. QUERLON (DE). Les Grâces. *Paris, Ruault,* 1769. Gr. in-8, papier de Hollande, titre, frontisp. fig. mar. bleu, fil. dos orné, tr. dor. (*Hardy.*)

<small>Frontispice gravé d'après Boucher, et 5 figures d'après Moreau.</small>

189. ZACHARIE. Les 4 Parties du Jour, poëme, traduit de l'allemand. *Paris, Muzier,* 1769. In-8, pap. de Hollande, fig. vign. et culs-de-lampe d'Eisen, mar. bleu, fil. dos orné. (*Smeers.*)

190. Zacharie. Les 4 Parties du Jour, poëme en vers libres, imité de l'allemand, par l'abbé Alleaume. *Paris, Prieur,*

1783. Gr. in-8, fig. vign. et culs-de-lampe d'Eisen, mar. bleu, fil. dos orné. (*Thibaron.*)

<small>Bel exemplaire en grand papier de Hollande et grand de marges.</small>

191. DORAT. Les Baisers, précédés du Mois de Mai, poëme. *A la Haye, et à Paris, chez Lambert,* 1770. Gr. in-8, un frontispice et une figure par Eisen, un fleuron sur le titre, 23 vignettes et 22 culs-de-lampe par Eisen, mar. rouge, dos orné, fil. tr. dor. (*Thibaron.*)

<small>Exemplaire en papier de Hollande.</small>

192. Les Bains de Diane, ou le Triomphe de l'Amour, poëme (par Desfontaines). *Paris, Costard,* 1770. In-8, mar. r. fil. tr. dor. (*Brany.*)

<small>Exemplaire en papier de Hollande. Frontispice et figures de Marillier.</small>

193. Dubuisson. Le Tableau de la Volupté, ou les 4 Parties du Jour, poëme en vers libres, par Ch. D. B. *A Cythère, au Temple du Plaisir,* 1771. In-8, 1 frontispice, 4 fig. 4 vign. et 4 culs-de-lampe par Eisen, gravés par de Longueil, mar. rouge, fil. dos orné, tr. dor. (*Chambolle.*)

<small>Exemplaire en papier de Hollande, non rogné</small>

194. IMBERT. Le Jugement de Pâris, poëme en 4 chants. *Amsterdam,* 1772. In-8, titre et 4 fig. de Moreau, 4 vign. de Choffard, mar. rouge, large dent. sur les plats, dos orné, tr. dor. (*Bertrand.*)

<small>Papier de Hollande.</small>

195. Historiettes, ou Nouvelles en vers, par M. Imbert. Seconde édition, revue, corrigée et augmentée par l'auteur. *Amsterdam, et se trouve à Paris, chez Delalain,* 1774. In-8, titre, 1 fig. et 4 vign. de Moreau, mar. rouge, dos orné, fil. dent. int. tr. dor. (*Chambolle-Duru.*)

196. IDYLLES, par Berquin. *A Paris, chez Ruault,* 1775. 2 tomes en un vol. in-8, 1 frontispice formant titre et 24 figures de Marillier gravées par divers, mar. rouge, filets à la Dusseuil, tr. dor. (*Lortic.*)

<small>Exemplaire en papier de Hollande. On a ajouté le dessin original pour la cinquième idylle du tome IIe.</small>

197. Idylles de Berquin. *A Paris, chez Fr. Dufart, an IV* (1796). 2 parties en un vol. in-12, mar. bleu, dos orné, fil. dent. int. tr. dor. (*Chambolle-Duru.*)

<small>Bel exemplaire relié sur brochure et orné de 19 figures de Borel. *Épreuves avant les numéros.*</small>

198. Romances, par Ch. Berquin. *S. l. n. d.* Petit in-8, un titre frontispice et 6 fig. par Marillier, mar. rouge, filets à la Dusseuil, tr. dor. (*Lortic.*)

Exemplaire en grand papier de Hollande. Figures *avant les numéros*. Musique à la fin du volume.

199. Les Quatre Heures de la Toilette des Dames, poëme en 4 chants, dédié à la princesse de Lamballe par M. de Favre, de la Société littéraire de Metz. *Paris, Bastien,* 1779. Grand in-8, un frontispice, une vignette, 4 fig. et 4 culs-de-lampe par Leclerc, mar. bleu, dos orné, filets à la Dusseuil, tr. dor. (*Lortic.*)

Très-bel exemplaire en grand papier de Hollande, avec témoins (252 mill.).

200. Le Fond du Sac, ou Restant des Babioles de M. X. (Nogaret), membre éveillé de l'Académie des Dormans. *Venise, chez Pantalon Phébus* (1780). 2 vol. in-18, un frontispice et 8 vignettes, mar. rouge, fil. tr. dor. (*Reliure ancienne.*)

201. Nogaret. Le Fond du sac. *Paris, Leclerc,* 1866. In-8, 11 vignettes et culs-de-lampe, maroq. citron, filets, dos orné, tr. dor. (*Hardy.*)

Exemplaire *sur chine*; les eaux-fortes tirées à part sont jointes à cet exemplaire.

202. Nogaret. Le Fond du sac, ou Recueil de contes en vers et en prose et de pièces fugitives. *Paris, Leclerc,* 1866. In-8, 11 vignettes et culs-de-lampe, maroq. citron, filets, dos orné, tr. dor. (*Hardy.*)

203. La Harpe. Tangu et Félime, poème en 4 chants. *Paris, Tissot,* 1780. Pet. in-8, titre gravé, 4 fig. de Marillier, maroq. la Vallière, mosaïques sur les plats, dos orné, tr. dor. (*Masson-Debonnelle.*)

Papier de Hollande. Bel exemplaire.

204. Les Plaisirs de l'amour, ou Recueil de contes, histoires et poèmes galans. *Chez Apollon, au mont Parnasse,* 1782. 3 tom. en 1 vol. in-12, frontisp. et fig. grav. maroq. vert, fil. dos orné. (*David.*)

Très-bel exemplaire (145 mill.).

205. Le Joujou des Demoiselles. *S. d.* Gr. in-8, mar. bl. fil. tr. dor. (*Lortic.*)

Très-bel exemplaire grand de marges. Titre gravé, frontispice et 50 planches.

206. Les Saisons, poème, par Saint-Lambert. *Paris, Didot*, 1795. 2 vol. in-18, papier vélin, maroq. bl. fil. tr. dor. (*David*.)

207. Saint-Lambert. Les Saisons, poème, nouvelle édit. *Paris, Janet*, 1823. 2 portraits de Saint-Lambert, 1 de Thompson, et 40 grav. par Leprince, Lebarbier, Moreau, Desenne, Eisen, etc. 1 tome en 2 vol. in-8, demi-rel. mar. vert, n. rogn.

Exemplaire en *grand papier vélin*. On a ajouté un titre factice au deuxième volume.

208. Malfilâtre. Narcisse dans l'île de Vénus, poème en 4 chants. *A Paris, chez Lejay*. In-8, un titre par Eisen et 4 fig. par Saint-Aubin, mar. citron, dos orné, filets, tr. dor. (*Hardy*.)

Papier de Hollande.

209. Œuvres de Bernard, ornées de gravures, d'après d'après les desseins (*sic*) de Prudhon. *Paris, Didot*, 1797. In-4, 4 figures (avant la lettre) par Prudhon, cartonné, non rogné.

Exemplaire auquel on a ajouté 38 pièces diverses, portraits, dessins, etc., dont le portrait de Prudhon, *avant la lettre*.

210. GILBERT. Œuvres complètes. *Paris, Dalibon*, 1823. In-8, grand papier vélin, demi-rel. avec coins, tête dor. n. rogné. (*David*.)

Portrait et figures de Desenne *avant la lettre*, eaux-fortes et dessins originaux. On a ajouté un dessin représentant Gilbert mourant.

211. Vadé. La Pipe cassée, poème épitragipoissardihéroïcomique. *A la Liberté, chez Pierre Bonne Humeur, avec permission de publier*. In-8, un portrait de Vadé et 4 vignettes d'Eisen, mar. vert, filets, dos orné, tr. dor. (*Thibaron*.)

Exemplaire de premier tirage, papier de Hollande et *non rogné*. On a joint un portrait de Vadé par Ficquet, sur chine.

212. Vadé. La Pipe cassée, poème. *Paris, Leclère*, 1866. In-8, maroq. bleu, filets, dos orné, tr. dor.

Figures d'Eisen. Réimpression à 200 exemplaires.

213. Vadé. Œuvres choisies de Vadé. *Paris, chez les Marchands de nouveautés*, 1834. In-8, mar. citron, filets, dos orné, tr. dor. (*Hardy*.)

Huit figures au trait, ajoutées.

214. LES BIJOUX DES NEUF SŒURS, avec de jolies gravures. *Paris, Defer de Maisonneuve,* 1790. In-12, mar. citron, filets, tr. dor. (*Cuzin.*)

Très-bel exemplaire avec les figures de Le Barbier, *avant la lettre.*

215. Parny. La Guerre des Dieux. *Paris, Didot, an VII.* In-12, maroq. la Vallière, dos orné, tr. dor. (*Hardy.*)

Édition complète. Exemplaire relié sur brochure, et avec de nombreux témoins.

216. LAMARTINE. Méditations poétiques. *Paris,* 1820. In-8, mar. bleu, dos orné. (*Masson et Debonnelle.*)

ÉDITION ORIGINALE.
Exemplaire *non rogné.*

217. Lamartine. La Mort de Socrate, poème. *Paris, Ladvocat,* 1823. Gr. in-8, 1 vign. grav. demi-rel. maroq. brun, non rogné.

ÉDITION ORIGINALE.

218. LAMARTINE. Harmonies poétiques et religieuses. *Paris, Gosselin,* 1830. 2 vol. in-8, portrait et vignettes, maroq. brun, reliure jansén. (*Thibaron.*)

Très-bel exemplaire de l'ÉDITION ORIGINALE.

219. LAMARTINE. Jocelyn, épisode, journal trouvé chez un curé de village. *Paris, Furne,* 1836. 2 vol. in-8, maroq. rouge, rel. janséniste. (*Chambolle.*)

Très-bel exemplaire relié sur brochure. Il porte l'envoi autogr. signé de Lamartine à M. Villemain.

220. Hugo (Victor). Nouvelles Odes. *Paris, Ladvocat.* 1824. In-16, frontisp. grav. maroq. rouge, reliure jansén. tr. dor. (*Cuzin.*)

ÉDITION ORIGINALE, papier vergé. Elle renferme 28 odes et préface.
Bel exemplaire.

221. Hugo (Victor). Odes et ballades. *Paris, Ladvocat,* 1826. In-16, frontisp. grav. maroq. rouge, rel. jansén. tr. dor. (*Cuzin.*)

Papier vergé. Ce volume renferme 13 odes et 10 ballades avec préface.
Bel exemplaire.

222. Les Orientales, par Victor Hugo. *Paris, Ch. Gosselin et Hector Bossange,* 1829. In-8, vignette sur le titre, mar. vert, dos orné, fil. dent. int. tr. dor. (*Chambolle-Duru.*)

ÉDITION ORIGINALE ornée d'un frontispice, *clair de lune,* gravé par Cousin, sur chine.
Bel exemplaire.

223. Les Feuilles d'automne, par Victor Hugo. *Paris, Eug. Renduel*, 1832. In-8, cart. percal. rouge.

PREMIÈRE ÉDITION.
Un second titre porte une vignette de T. Johannot, gravée par Porret.

224. Œuvres complètes de Victor Hugo. Poésie VI. LES VOIX INTÉRIEURES. *Paris, Eug. Renduel*, 1837. In-8, cart. percal. rouge, n. rog.

Bel exemplaire de la PREMIÈRE ÉDITION.

225. HUGO (Victor). Les Rayons et les Ombres. *Paris, Delloye*, 1840. In-8, maroq. rouge, dos orné, tr. dor. (*Chambolle*.)

ÉDITION ORIGINALE.
Bel exemplaire avec témoins.

226. Hugo (Victor). Le Retour de l'Empereur. *Paris, Delloye*, 1840. In-8, maroq. roug. rel. jansén. (*Hardy*.)

ÉDITION ORIGINALE.

227. Hugo (Victor). Poésies. *Paris, Hetzel*, 1869. 8 vol. in-12, demi-rel. maroq. roug. non rogn.

228. Études françaises et étrangères, par Émile Deschamps, 3ᵉ édition. *Paris, Levavasseur*, 1829. In-8, mar. bleu. janséniste. (*Hardy*.)

229. SAINTE-BEUVE. Vie, poésies et pensées de Joseph Delorme. *Paris, Delangle*, 1829. In-12, mar. rouge, filets, dos orné, tr. dor. (*Hardy*.)

ÉDITION ORIGINALE.

230. SAINTE-BEUVE. Pensées d'Août, poésies. *Paris, Renduel*, 1837. In-12, mar. bleu, filets, dos orné, tr. dor. (*Hardy*.)

Bel exemplaire de l'ÉDITION ORIGINALE.

231. Musset. Premières poésies (1829-1835). *Paris, Charpentier*, 1877. — Poésies nouvelles (1836-1852). *Paris, Charpentier*, 1877. 2 vol. in-18, maroq. vert, dos orné, tr. dor. (*Pagnant*.)

232. Poésies nouvelles par Alfred de Musset (1840-1849). *Paris, Charpentier*, 1850. In-12, cartonné, non rogné.

ÉDITION ORIGINALE.

233. Poésies complètes de Alfred de Musset. *Paris, Charpentier*, 1840. In-12, cart. n. rogn.

234. Le Sylphe, poésies de feu Ch. Dovalle, précédées d'une notice par M. Louvet et d'une préface par Victor Hugo. *Paris, Ludrocat,* 1830. In-8, demi-rel. maroq. rouge, dos orné, tr. dor. n. rogn.
ÉDITION ORIGINALE.
Rare. Dovalle a été tué en duel, en 1829, à 22 ans. La dernière pièce de vers, trouvée sur lui, a été imprimée avec les traces de la balle.

235. POÉSIES de Théophile Gautier. *Paris, Mary,* 1830. In-12, mar. citron, filets, dos orné, tr. dor. (*Belz-Niedrée.*)
ÉDITION ORIGINALE.

236. La Comédie de la Mort, par Théophile Gautier. *Paris, Desessart,* 1838. Gr. in-8, figure de Lacoste, cart. percal. verte.
ÉDITION ORIGINALE.
Bel exemplaire non rogné avec sa couverture imprimée.

237. GAUTIER (Théophile). La Comédie de la Mort. *Paris, Desessart,* 1838. Gr. in-8, front. gravé, mar. br. fil. tr. dor. (*Chambolle.*)
Très-bel exemplaire de l'ÉDITION ORIGINALE.

238. IAMBES par A. Barbier. *Paris, Urbain Canel,* 1832. In-8, maroq. bleu, filets, dos orné. (*Chambolle.*)
Très-bel exemplaire avec témoins de l'ÉDITION ORIGINALE.

239. Joseph Autran. Ludibria ventis, poésies nouvelles. *Paris,* 1838. In-8, demi-rel. mar. la Vall. avec coins, tr. sup. dor. n. rogn.
Bel exemplaire de la PREMIÈRE ÉDITION.

240. Le Parnasse satyrique du XIXe siècle. *Rome, s. d.* 2 vol. in-12, maroq. roug. dos orné, tr. dor. (*Allô.*)

241. Baudelaire. Les Fleurs du mal, par Charles Baudelaire. *Paris, Poulet-Malassis,* 1857. Grand in-12, mar. rouge, dos orné, filets, sur les plats, tr. dor. (*Chambolle.*)
Très-bel exemplaire de la PREMIÈRE ÉDITION.

242. Lalanne. Le Billard. *Paris, Aubry, sans date.* In-8, maroq. vert, dent. sur les plats, dos orné, tr. dor. (*Petit-Simier.*)
Eaux-fortes de Lalanne.

243. SONNETS ET EAUX-FORTES. *Paris, Lemerre,* 1869. In-4, 42 eaux-fortes par divers. (*Hardy.*)
Exemplaire en grand papier fort, avec la suite des gravures en deux états, noires *sur chine, avant la lettre*, et au bistre.

M.

V. POÈTES ÉTRANGERS.

244. Arioste. Roland furieux, poëme héroïque de l'Arioste, traduction nouvelle par M. d'Ussieux, *Paris, Brunel,* 1775-1783. 4 vol. in-8, un portrait par Eisen et 92 figures avant la lettre dont 44 de l'édition italienne de 1773, par Cipriani, Cochin, Eisen, etc., et 48 nouvelles par Cochin et Moreau; mar. rouge, dos orné, filets, tr. dor. (*Rel. mod.*)

245. Torquato Tasso. La Gerusalemme liberata. *Parigi,* 1771. 2 vol. in-8, 2 front., papier de Hollande, avec les portraits de Tasso et de Gravelot. 2 titres gravés, 20 figures, 9 grands culs-de-lampe, 14 petits et 20 vignettes avec portraits, le tout par Gravelot, mar. rouge, filets, dos orné, tr. dor. (*Smeers.*)

246. Torquato Tasso. Jérusalem délivrée, poëme du Tasse, nouvelle traduction. *Paris, Musier,* 1774. 2 vol. in-8, mar. rouge, dos orné, larges dentelles sur le plat, tr. dor. (*Allô.*)

Exemplaire en grand papier de Hollande. Figures de Gravelot. On a ajouté la suite de Le Barbier, *avant la lettre.*

247. La Gerusalemme liberata de Torquato Tasso. *Stampata d'ordine di Monsieur. Parigi, presso Firm. Ambr. Didot l'aîné,* 1784. 2 vol. in-4, 1 front. avec la médaille du Tasse et 40 fig. par Cochin, mar. vert, dos orné, filets. (*Anc. rel.*)

Exemplaire avec les armes du Roi sur les titres et la liste des souscripteurs.

248. Chaucer (Geoffroy). Contes de Cantorbéry, traduits en vers français par le chevalier de Chatelain. *London, Montagu Pickering,* 1857. 2 vol. in-12, maroq. bleu, fil. dos orné, tr. dor. (*Petit.*)

Édition tirée à petit nombre avec 17 gravures non signées.

249. Thompson. Les Saisons, poëme traduit de l'anglois. *Paris,* 1759. In-12, 1 front. 4 fig. et 4 culs-de-lampe par Eisen, veau doré sur tranche. (*Anc. rel.*)

250. Wieland. Musarion, ou la Philosophie des Grâces, poëme en 3 chants, traduit de l'allemand par de Laveaux.

Bâle, 1780. In-8, frontisp. fig. et culs-de-lampe par Saint-Quentin, maroq. brun, fil. dos orné. (*Hardy*.)
    Papier de Hollande.

VI. FABLES.

251. Ésope en belle humeur, ou dernière traduction de ses fables en prose et en vers, nouvelle édition divisée en 2 tomes. *A Bruxelles, chez F. Foppens*, 1700, 2 tomes en 1 vol. pet. in-8, mar. bl. fil. tr. dor. (*Chambolle*.)

    Cette compilation est due à J. Bruslé, qui y a ajouté quelques fables de la Fontaine et de Furetière avec une préface. Frontispice, 1 fleuron sur le titre, une vignette en tête de la préface et une autre en tête de la vie d'Ésope, 83 vignettes en tête des fables ; au deuxième volume, fleuron sur le titre et 79 vignettes. La plupart de ces vignettes, bien exécutées, portent le nom de Harrewyn.
    Bel exemplaire.

252. Phèdre : les Fables. *Paris, de Varennes*, 1669. In-12, frontisp. et nombr. fig. à mi-page, maroq. bleu, rel. jansén. tr. dor. (*Lortic*.)
    Bel exemplaire.

253. La Fontaine : Fables choisies mises en vers. *Paris, Claude Barbin*, 1668-69. 2 vol. in-12, maroq. bleu, fil. dos orné, tr. dor. (*Cuzin*.)

    Reproduction de l'édition originale in-4, sous cette date, composée de VI livres. Elle est ornée des figures de Chauveau. Le tome Ier porte la date de 1669 et les armes du Dauphin.

254. La Fontaine. Fables choisies, mises en vers. *Paris, Claude Barbin*, 1669. In-12, maroq. fil. doubl. de maroq. bleu, large dent. int. dos orné, tr. dor. (*Chambolle*.)

    Édition en petits caractères. Reproduction de l'Édition originale en VI livres.

255. La Fontaine. Fables nouvelles et autres poésies. *Paris, Denys Thierry*, 1671. In-12, vign. de Chauveau, maroq. roug. reliure jansén. tr. dor. (*Chambolle*.)

    Ce volume, dédié au duc de Guise, contient 8 nouvelles fables avec les figures de Chauveau, le Songe de Vaux, Adonis, et autres poésies.
    Édition originale de ces huit fables.

256. La Fontaine. Fables choisies, mises en vers. *Paris, Desaint et Saillant*, 1755-1759. 4 vol. in-fol. 1 frontispice et 276 fig. d'Oudry, retouchées par Cochin, mar. rouge, dos orné. (*Reliure ancienne*.)

    Exemplaire en très-grand papier de Hollande. Double échangé de la bibliothèque de la ville de Lyon. Les deux premiers volumes sont un peu plus courts de marges.

257. LA FONTAINE. Fables choisies mises en vers, nouvelle édition, gravée en taille-douce par Fessard. *Paris, l'auteur,* 1765-75. 6 vol. in-8, texte entièrement gravé par Montulay, titres, 1 frontisp. 250 fig. et 450 vign. et culs-de-lampe, de Fessard, maroq. bleu, fil. dos orné, tr. dor. (*Petit.*)

Bel exemplaire relié sur brochure (216 mill.). On a ajouté la suite des figures d'Oudry, reproduites in-8 par Punt, 23 figures de Moreau et Bergeret et enfin 10 portraits de la Fontaine, avec ou *avant la lettre*.

258. LA FONTAINE. Fables. *Paris, Didot,* 1781. 2 vol. in-18, portrait, demi-rel. maroq. rouge, dos orné. (*Brany.*)

Exemplaire en papier fin, avec les armes du comte d'Artois sur les titres.

259. LA FONTAINE. Fables. *Paris, Bossange,* 1796. 6 vol. in-18, papier vélin, frontisp. et fig. par Simon et Coiny, maroq. orang. dos orné, tr. dor. (*Hardy.*)

260. LA FONTAINE. Fables choisies mises en vers. *Amsterdam, van Gulick,* 1802. 6 tomes en 3 vol. in-8, portrait de la Fontaine par Rigault, 1 frontispice et 276 figures d'après Oudry, gravées par Punt, mar. rouge, filets, dos orné, tr. dor. (*Petit.*)

261. LA FONTAINE. Fables, avec de nouvelles gravures exécutées en relief. *Paris, Renouard,* 1811. 2 tom. en 4 vol. in-12, mar. rouge, dentelles, doublé de mar. vert, large dentelle, fil. dos orné. (*David.*)

Exemplaire tiré sur PEAU VÉLIN.

262. La Fontaine. Fables mises en vers, avec notes par Pauly. *Paris, Lemerre,* 1868. 2 vol. in-12, mar. bl. fil. tr. dor. (*Hardy.*)

263. LA FONTAINE. Fables, publiées par Jouaust, avec une introduction de Saint-René-Taillandier. *Paris,* 1873. 2 vol. gr. in-8, portr. par Flameng, fig. de Daubigny, Gérome, etc., mar. vert, large dentelle, sur les plats, dos orné, tr. dor. (*Hardy.*)

L'un des 26 exemplaires sur *papier de Chine*. Suite des figures avec et *avant la lettre*. Quelques épreuves offrent des différences.

264. LA FONTAINE. Fables. *Tours, Mame,* 1875. Gr. in-8,

portr. et 50 fig. par Foulquier, mar. vert, fil. dos orné, tr. dor. (*Thibaron.*)

Exemplaire *sur chine*.

265. FABLES NOUVELLES, dédiées au roy, par M. de la Motte. *Paris,* 1719. In-4, mar. r. tr. dor. (*Petit.*)

Exemplaire en grand papier.

266. DORAT. Fables nouvelles. *A la Haye, et se trouve à Paris, Delalain,* 1773. 2 vol. in-8 dont la pagination suit et reliés en 1 vol. 2 frontispices dont le premier porte *Fables par Ch. Dorat,* et le second : *Fables de Ch. Dorat.* 1 figure par Marillier qui se trouve dans chacun des volumes, 1 fleuron, 99 vignettes et 99 culs-de-lampe par Marillier, maroq. rouge, dos orné, large dentelle sur les plats, tr. dor. (*Lortic.*)

Superbe exemplaire relié sur brochure et avec de nombreux témoins. Très-belles épreuves.

267. Les Fables de Florian. *Paris, Nepveu,* 1821. In-12, avec 1 portrait et 18 figures, demi-rel. mar. rouge, dos orné, non rogné. (*Cuzin.*)

Papier vélin. Figures *avant la lettre*.

VII. CHANSONS.

268. CHANTS ET CHANSONS POPULAIRES de la France. *Paris, Delloye,* 1843. 3 vol. in-8, frontisp. et nombr. vign. — Chansons populaires des provinces de France, publiées par Wekerlin. *Paris, Bourdilliat,* 1860. In-8, frontisp. et vign. — Ensemble 4 vol. demi-rel. maroq. orange, dos orné. (*David.*)

Très-bel exemplaire de premier tirage, avec témoins.

269. Chansons de Gaultier Garguille, nouvelle édition, suivie des pièces relatives à ce farceur, avec notes par Éd. Fournier. *Paris, Jannet,* 1858. In-12, mar. rouge, filets, dos orné, tr. dor. (*Hardy.*)

Papier de Hollande.

270. Les Chansons folastres et récréatives de Gaultier Garguille, comédien ordinaire de l'hôtel de Bourgogne. *Paris,*

chez A. Claudin, libraire, 1858. Pet. in-4, maroq. rouge, avec encadrements sur les plats, tr. dor.

<small>Exemplaire sur papier de couleur.</small>

271. CHOIX DE CHANSONS mises en musique, par M. de La Borde. *Paris, de Lormel*, 1773. 4 tomes en 2 vol. gr. in-8, titre avec fleuron, frontispices et 100 fig. par Moreau, Lebouteux, Saint-Quentin, Lebarbier, maroq. rouge doublé de maroq. bleu, large dent. sur les plats, garde en moire bleue, dos orné, tr. dor. (*Lortic.*)

<small>Exemplaire très-grand de marges (239 mill.) et très-beau d'épreuves. En tête se trouve le portrait de La Borde, dit *à la lyre*; il est remonté en tête et dans le fond.</small>

272. Les A-Propos de société, ou Chansons de M. P. (Laujon), 1776, 2 vol. in-8. — Les A-Propos de la Folie, ou Chansons grivoises. 1 vol. Ensemble 3 vol. in-8, mar. vert, dos orné, filets, tr. dor. (*Cuzin.*)

<small>Superbe exemplaire relié sur brochure. Les figures de Moreau sont en deux états, avec et *avant les numéros*.</small>

273. Le Bijou des Dames, nouveau costume français, et de la connaissance des diamans, des perles et des parfums les plus précieux avec tablettes économiques, perte et gain. *A Paris, chez le s^r Desnos, ing. géographe et libraire de Sa Majesté Danoise*, (1780). In-16, mar. vert, fil. tr. dor. (*Brany.*)

<small>Titre encadré, un frontispice représentant une horloge, et 24 figures ou portraits représentant les coiffures des Dames de Henri IV à Louis XV. En face des 12 premières figures se trouve une page blanche encadrée; à partir de la 13e se trouvent dans le cadre 8 vers explicatifs.
Le volume se termine par 7 pages en blanc destinées à écrire des notes et dates, secrétaire des Dames, puis un calendrier en blanc pour noter les pertes et gains, et enfin l'almanach de 1781.
Exemplaire de M. Georges Danyau.</small>

274. PIIS (le chevalier de). Chansons nouvelles. *Paris, Pierres*, 1785. In-12, portr. de l'auteur, frontisp. et fig. de Lebarbier, musique, maroq. orang. fil. dos orné, tr. dor. (*Cuzin.*)

<small>Superbe exemplaire, en grand papier vélin, de ce volume extrêmement rare. Les figures sont *avant la lettre* (146 mill.).</small>

275. Les Dons de l'Amour et de l'Amitié. Almanach nouveau sur les plus jolis airs. *Paris, Janet*, 1799. In-18, titre gravé et 12 jolies figures, mar. rouge, ornements sur les plats, tr. dor. (*Anc. rel.*)

276. Misanthropie et Repentir, ou les Époux réunis, suivi d'un choix de jolies ariettes nouvelles. *A Paris, chez Janet.* Un titre-frontispice de 6 charmantes figures non signées, in-16, mar. rouge, dos orné, avec le stylet pour écrire.

277. L'Enchanteur, ou l'Almanach sans pareil. *Paris, Janet,* 1801. Pet. in-18, titre gravé et 12 jolies figures, maroq. rouge, dos orné. (*Anc. rel.*)

278. Béranger. Chansons. *Paris, Perrotin,* 1861. — Œuvres posthumes, 1864. 2 vol. in-18, demi-rel. mar. rouge, non rog. (*Brany.*)

VIII. THÉATRE.

279. Les Comédies de Térence, avec la traduction de Mme Dacier. *Amsterdam, Wetstein,* 1724. 3 vol. in-12, avec frontispice et figures de B. Picard, demi-rel. mar. brun, dos orné, non rog. (*Pagnant.*)

280. Le Nouveau Patelin. *Paris,* 1748. In-12 de 50 pages, frontisp. gravé, maroq. bleu, filets, dos orné, tr. dor. (*Lortic.*)

<small>Exemplaire relié sur brochure. Très-rare.</small>

281. Lestoille (Claude de), sieur du Saussaye. L'Intrigue des filous, comédie. *Suivant la copie imprimée à Paris (à la Sphère),* 1649. Pet. in-12 de 83 pages, maroq. rouge, fil. dos orné, tr. dor. (*Chambolle.*)

282. Le Théatre de P. Corneille, reveu et corrigé par l'auteur. *A Rouen, et se vend à Paris chez L. Billaine, au Palais,* 1664, 4 tomes en 3 volumes pet. in-8, frontisp. et figures, mar. bleu, filets à la Du Seuil, dos orné, tr. dor. (*Lortic.*)

<small>Cette édition a les titres gravés à la date de 1660. Le tome IV a été publié sans front. ni figures. (Hauteur : 162 mill.).</small>

283. Théâtre de Pierre et Thomas Corneille. *Suivant la copie impr. à Paris,* 1689 et 92. 9 vol. pet. in-12, mar. rouge, dos orné, tr. dor.

284. Corneille. Le Cid. *Sur l'imprimé à Caen*, 1674, in-12, veau fauve. (*Koehler.*)
   Contrefaçon de l'édition originale.

285. CORNEILLE. Rodogune, princesse des Parthes. *Au Nord*, 1760. In-4, avec une estampe d'après Boucher, mar. rouge jans. tr. dor. (*Thibaron.*)
   Très-bel exemplaire, grand de marges (270 mill.). Édition imprimée à Versailles, par les soins de Mme de Pompadour, qui en a gravé l'estampe. Rare.

286. CORNEILLE. Œuvres, avec les commentaires de Voltaire. *Paris, Renouard*, 1817. 13 vol. in-8, mar. r. foncé, dent. tr. dor. (*Simier.*)
   Exemplaire en grand papier avec 2 portraits de Corneille et de Th. Corneille, les 23 figures de Moreau et 1 de Prud'hon, *avant la lettre*.

287. Corneille. Théâtre choisi avec une notice par M. Poujoulat, eaux-fortes de Foulquier. *Tours, Mame*, 1880. Gr. in-8 br.
   Exemplaire *sur chine*.

288. RACINE. Œuvres. *Paris, Pierre Trabouillet*, 1687. 2 vol. in-12, frontispices gravés, mar. bl. doublé de mar. citron, dent. int. tr. dor. (*Trautz-Bauzonnet.*)
   Superbe exemplaire (163 mill.).

289. RACINE. Œuvres. *Paris, Thierry*, 1697. 2 vol. in-12, 1 titre, 1 frontisp. et 12 fig. de Lebrun, mar. rouge, fil. à la Du Seuil, dos orné, tr. dor. (*Lortic.*)
   Dernière édition publiée du vivant de l'auteur. Racc. au haut d'un feuillet. Quelques notes coupées.

290. Racine. Œuvres. *Amsterdam, Schelte*, 1698. 2 vol. in-12, vign. grav. mar. rouge, reliure jansén. (*Tripon.*)
   Chaque pièce a un titre séparé et une gravure. Frontispice en tête de chaque volume, quelques feuillets plus étroits.

291. RACINE. Œuvres. *Paris*, 1760. 3 vol. in-4, portr. fleurons sur titres, figures, vign. et culs-de-lampe de Daullé et de Sève, mar. rouge, fil. dos orné, tr. dor. (*Chambolle.*)
   On a ajouté à cet exemplaire la suite des figures *avant la lettre* de Gravelot, au nombre de 12, plus 1 portrait et la suite des figures de Chéron pour l'édition de Londres, 1723, au nombre de 12 plus 1 front. et 1 portrait.

292. RACINE. Œuvres. *Paris, Didot*, an IX (1801). 3 vol. gr. in-fol. papier vélin, 57 fig. d'après Girard, Girodet, Prudhon, etc., demi-rel. mar. rouge, tr. sup. dor. ébarbé.
   Épreuves avec la lettre grise.

293. RACINE. Œuvres complètes, avec les notes de tous les commentateurs. *Paris, Lefèvre*, 1822. 6 vol. in-8, 1 front. nombr. port. et fig. par Dubourg, Devéria, etc..., mar. rouge, fil. à la Du Seuil, tr. dor. (*Lortic*.)

<small>Exemplaire en grand papier vélin, auquel on a joint les figures de De Sève remontées, les suites de Garnier gravées par Choffard, Moreau, Gravelot et Le Barbier, toutes *avant la lettre* (sauf les figures de Le Barbier, pour Mithridate). Il y a, en outre, un frontispice par Dubourg, et 9 portraits de Santerre, Saint-Aubin, etc. En tout 82 pièces.</small>

294. RACINE. Théâtre. *Paris, Libr. des Biblioph.* 1873. 4 vol. in-8, 2 portr. et nombr. vign. d'après Hillemacher, mar. vert, fil. dos orné, tr. dor. (*Thibaron*.)

<small>Très-bel exemplaire *sur chine*. On a ajouté les eaux-fortes de Foulquier, tirées à part.</small>

295. Racine. Bajazet, tragédie. *Suivant la copie imprimée à Paris*, 1672. Pet. in-12, fig. gr. mar. rouge, reliure jansén. tr. dor. (*Masson-Debonnelle*.)

<small>Édition donnée par les Elzevier (129 mill.). Taches.</small>

296. Racine. Mithridate, tragédie. *Suivant la copie imprimée à Paris*, 1673. Pet. in-12, 1 fig. grav. mar. rouge, reliure jansén. tr. dor. (*Masson-Debonnelle*.)

<small>Édition elzévirienne (130 mill.).</small>

297. Racine. Iphigénie, tragédie. *Suivant la copie imprimée à Paris*, 1675. Pet. in-12, 1 fig. grav. mar. rouge, reliure jansén. tr. dor. (*Masson-Debonnelle*.)

<small>Édition elzévirienne (130 mill.).</small>

298. Racine. Phèdre et Hippolyte, tragédie. *Suivant la copie imprimée à Paris*, 1677. Pet. in-12, 1 fig. grav. mar. rouge, reliure jansén. tr. dor. (*Masson-Debonnelle*.)

<small>Édition elzévirienne (130 mill.).</small>

299. RACINE. Esther, tragédie tirée de l'Écriture sainte. *Paris, Thierry*, 1689, 1 fig. de Lebrun, grav. par Leclerc. — Athalie, tragédie tirée de l'Écriture sainte. *Paris, Thierry*, 1691. 1 fig. de Corneille grav. par Mariette. — 2 parties en 1 vol. in-4, maroq. rouge, reliure jansén. (*Thompson*.)

<small>ÉDITION ORIGINALE.
Exemplaires grands de marges. De la bibliothèque Danyau.</small>

300. RACINE. Esther, tragédie tirée de l'Écriture sainte. *Paris, Barbin*, 1689. In-12 de 86 pages, frontisp. de Séb. Leclerc,

mar. bleu, dorures sur les plats, dos orné, tr. dor. (*Petit-Simier.*)

ÉDITION ORIGINALE de ce format (156 mill.).

301. RACINE. Athalie, tragédie tirée de l'Écriture sainte. *Paris, Thierry*, 1692. In-12, 1 fig. de Séb. Leclerc, mar. bleu, dorures sur les plats, dos orné, tr. dor. (*Petit Simier.*)

Édition originale de ce format (156 mill.).

302. Racine. Athalie, tragédie. *Suivant la copie imprimée à Paris,* 1691. Pet. in-12, 1 fig. grav. mar. rouge, reliure jans. tr. dor. (*Thibaron.*)

Édition elzévirienne. Au bas du titre gravé on lit : *Athalia* (128 mill.).

303. LES ŒUVRES DE M. MOLIÈRE. *Amsterdam, chez Jacques le Jeune,* 1679. 5 vol. in-12 avec un front. et un 6° vol. Les Œuvres posthumes de M. de Molière, enrichies de fig. en taille-douce. *Amsterdam,* 1684. 6 vol. in-12, mar. rouge, dos orné, filets, tr. dor. (*Thibaron.*)

Seconde édition elzévirienne. Sept pièces sont postérieures à 1679.

304. LES ŒUVRES DE M. DE MOLIÈRE, revues, corrigées et augmentées, enrichies de gravures en taille-douce. *Paris, Denys Thierry, Claude Barbin et Trabouillet,* 1682. 8 vol. in-12, 30 grav. de Brissart, mar. rouge, filets, dos orné. (*Capé.*)

Dans cette édition, les tomes VII et VIII renferment les ÉDITIONS ORIGINALES de Don Garcie, l'Impromptu, Don Juan, Mélicerte, les Amants magnifiques, la Comtesse d'Escarbagnas et le Malade imaginaire.

305. MOLIÈRE. Œuvres, nouvelle édition. *Paris,* 1734. 6 vol. in-4, 1 portrait par Coypel, 1 fleuron sur le titre, 33 fig. par Boucher et 198 vignettes et culs-de-lampe par Boucher, Blondel et Oppenart, mar. rouge, filets, dos orné, tr. dor. (*Masson-Debonnelle.*)

Bel exemplaire de premier tirage. Belles épreuves.

306. MOLIÈRE. Œuvres de Molière avec les notes de tous les commentateurs, édition publiée par Aimé-Martin. *Paris, Lefèvre,* 1824. 8 vol. in-8, mar. rouge, filets, dos orné, tr. dor. (*Chambolle.*)

Exemplaire en grand papier vélin.
On a ajouté à cet exemplaire :
1° Dix portraits de Molière avec lettre grise ou EAU-FORTE. Ce sont ceux de Moreau (1re et 2e suite), Desenne, Vincent, Hillemacher, Lalauze et Tony Johannot, sur satin.

2° Trente-trois figures de la 1ʳᵉ suite de Moreau avec la lettre.
3° Vingt-sept de la même suite, *avant la lettre,* et une sans nom d'artiste, pour *Georges Dandin.*
4° Quatre EAUX-FORTES de cette suite pour l'Impromptu, l'Avare, Georges Dandin et Mélicerte.
5° Trente gravures *avant la lettre* de la deuxième suite et 31 eaux-fortes, y compris la double épreuve d'Amphitryon, gravée par Pigeot.
6° Dix-huit gravures de Desenne, *avant la lettre,* et dix-huit EAUX-FORTES.
7° Trente-trois figures de Boucher, réduites par Punt.
8° Trente-trois figures de Lalauze *sur japon.*
9° Trente et un portraits de Hillemacher, remontés.
10° Quarante gravures noires ou coloriées de Geoffroy et Sand.
Ensemble 309 portraits et figures.
Il manque à la première suite, avant la lettre, de Moreau (suite dont on a agrandi les marges) 6 gravures, les Précieuses, l'Avare (dont il y a l'EAU-FORTE) : Pourceaugnac, prologue de Psyché, Psyché, l'Impromptu (dont il y a l'EAU-FORTE).

307. MOLIÈRE. Théâtre choisi. *Tours, Mame,* 1878. 2 vol. gr. in-8, mar. rouge, fil. tr. dor. (*Lortic.*)

Très-bel exemplaire sur *papier de Chine.*

308. MOLIÈRE. Réimpressions des éditions originales des pièces de Molière, publiées par les soins de M. L. Lacour. *Paris, libr. des Bibliophiles (D. Jouaust),* 1866-1876. 19 vol. in-12, mar. rouge, fil. dent. int. tr. dor. (*Chambolle-Duru.*)

Exemplaire sur *papier Whatman,* sauf *l'Amour médecin* qui n'a pas été tiré sur ce papier.

309. Molière. Les Précieuses ridicules, édition originale, réimpression textuelle, par les soins de M. Lacour. *Paris, Académie des Bibliophiles,* 1867. In-12, mar. rouge, filets, dos orné. (*Chambolle.*)

Exemplaire sur PEAU VÉLIN.

310. Molière. Sganarelle, ou le Cocu imaginaire, comédie avec les arguments de chaque scène. *Suivant la copie imprimée à Paris,* 1662. Pet. in-12 de 40 pages, mar. rouge, jans. tr. dor. (*Masson-Debonnelle.*)

Édition elzévirienne (130 mill.).

311. Molière. L'Escole des maris, comédie de J.-B. P. Molière, représentée sur le théâtre du Palais-Royal. *Paris, Claude Barbin,* 1662. Pet. in-12, mar. rouge, fil. tr. dor.

Exemplaire court de marges et restauré.

312. MOLIÈRE. Le Mariage forcé, comédie-ballet en 3 actes, ou le Ballet du roi donné par le roi Louis XIV le 29ᵉ jour de janvier 1664 ; nouvelle édition, publiée d'après le ma-

nuscrit de Philidor, par Ludovic Celler. *Paris, Hachette,* 1867. In-8, mar. bleu, milieux sur les plats, dos orné, tr. dor.

<small>Exemplaire *sur chine,* auquel on a ajouté 2 portraits de Molière, 1 de Sully et des portraits d'Hillemacher.</small>

313. Le Mariage forcé, comédie de M. de Molière, mise en vers par M***. *Paris, chez la V° Du Pont,* 1676. In-12 de 45 pages, mar. citr. fil. dos orné, tr. dor. (*Masson-Debonnelle.*)

<small>Rare. Exemplaire bien conservé (162 mill.).</small>

314. M. de Pourceaugnac, comédie faite à Chambord pour le divertissement du roy, par J.-B. P. de Molière. *Amsterdam, à la Sphère, chez J. Le Jeune,* 1684. Pet. in-12, mar. rouge, fil. tr. dor.

<small>Edition elzévirienne.</small>

315. La Comtesse d'Escarbagnas, comédie par J.-B. P. de Molière. *Amsterdam (à la Sphère), chez Guill. Le Jeune,* 1689. Pet. in-12, mar. rouge, filets, tr. dor.

316. Molière. Receptio publica unius juvenis medici in academia burlesca, Joannis Baptistæ Molière, doctoris comici, revisa et de beaucoup augmentata. *Lyon, Perrin,* 1870. Jolie figure en tête, in-8, mar. rouge, filets à la Du Seuil, dos orné, tr. dor. (*Hardy.*)

<small>Exemplaire sur *papier de Chine.*</small>

317. Boursault. Le Portrait du peintre, ou la Contre-critique de l'École des femmes, comédie. *Suivant la copie imprimée à Paris,* 1663. In-12, mar. rouge, reliure jans. tr. dor. (*Duru.*)

<small>Édition elzévirienne. Bel exemplaire (131 mill.).</small>

318. Élomire hypocondre, ou les Médecins vengez, comédie par Le Boulanger de Chalussay. *Paris, de Sercy,* 1670. In-12, mar. rouge, fil. tr. dor. (*Thibaron.*)

<small>Bel exemplaire.</small>

319. La Cocue imaginaire, comédie (par Doneau). *Suivant la copie imprimée à Paris,* 1662. Pet. in-12 de 26 pages, mar. rouge, jans. tr. dor. (*Masson-Debonnelle.*)

<small>Édition elzévirienne (128 mill.). Dans l'Avis au lecteur on lit un éloge de Molière.</small>

320. Molière. L'Instrument de Molière, traduction du traité

de Clysteribus, par Regnier de Graff, 1668. *Paris, Morgand*, 1878. In-8, avec portrait, demi-rel. mar. rouge, dos orné. (*Pagnant.*)

<small>Exemplaire sur chine.</small>

321. L'ENFER BURLESQUE, le Mariage de Belphégor, épitaphes de M. de Molière. *Cologne, Jean Leblanc*, 1677. Pet. in-12, de 112 pag. front. grav. mar. bleu, filets, milieux sur les plats. (*Thibaron.*)

<small>Exemplaire NON ROGNÉ (150 mill. de haut. et 90 mill. en largeur). C'est en partie un pamphlet contre Molière.</small>

322. NOTES HISTORIQUES sur la vie de Molière, par A. Bazin. *Paris, Techener*, 1851. Gr. in-8, mar. bleu, filets, dos orné, tr. dor. (*Chambolle.*)

<small>On a joint à cet exemplaire 7 portraits de Molière, la suite des figures de Moreau, sur chine, les portraits coloriés des personnages des principales pièces, par Geoffroy et Sand, et divers portraits; en tout 78 figures.</small>

323. LA FONTAINE. Pièces de théâtre. *La Haye, Moetjens*, 1702. In-12, mar. citr. comp. dor. sur les plats, tr. dor. (*Chambolle.*)

<small>ÉDITION ORIGINALE du Recueil de ces pièces.</small>

324. LA FONTAINE. Je vous prens sans verd, comédie. *Paris, Ribou*, 1699. In-12, mar. bleu, rel. jans. tr. dor. (*Thibaron.*)

<small>ÉDITION ORIGINALE.
Bel exemplaire avec témoins.</small>

325. MADEMOISELLE DE SÇAY, petite comédie satyrique. *A Calais, chez Pasquin*, 1684. In-12 de 45 pages, mar. citr. dos orné, fil. tr. dor. (*Trautz-Bauzonnet.*)

<small>Attribué à Corneille Blessebois. Exemplaire bien conservé (127 mill.).</small>

326. Quinault. La Mère coquette, ou les Amants brouillés. *Paris, David*, 1705. Pet. in-8, mar. bleu, doublé de mar. rouge, large dentelle, tr. dor.

327. REGNARD. Les Œuvres de M. Regnard. *Paris, Ribou*, 1707 et 1708. 2 vol. in-12 (le tome I porte un frontispice avec ce titre : Théâtre de M. Renard (*sic*), 10 fig.), mar. bleu, dorures à petits fers, dos orné, tr. dor. (*Chambolle.*)

<small>PREMIÈRE ÉDITION collective des œuvres de Regnard. On a ajouté *le Légataire universel* et *la Critique du Légataire*, 1708. *Éditions originales.*
L'exemplaire a 164 mill. de hauteur. Cachet sur les titres du premier volume.</small>

328. Turcaret, comédie, par M. Lesage. *Paris, Ribou,* 1709. In-12, mar. rouge, fil. dos orné, tr. dor. (*Cuzin.*)

Très-bel exemplaire de l'Édition originale (160 mill.).

329. Recueil de Pièces mises au Théâtre-François par M. Lesage. *Paris, Barrois fils,* 1739. 2 vol. in-12, mar. rouge, dos orné, tr. dor. (*Chambolle.*)

330. Piron. La Métromanie, ou le Poëte, comédie en 5 actes et en vers. *Paris, Le Breton,* 1738. In-8, mar. rouge, fil. dos orné, tr. dor. (*Chambolle.*)

Édition originale.
Portrait de Piron, ajouté.

331. Pygmalion, scène lyrique de M. J.-J. Rousseau, mise en vers par M. Berquin, le texte gravé par Drouet. *Paris,* 1775. Gr. in-8, v. f.

Très-bel exemplaire avec témoins (233 mill.). Vignettes de Moreau. On a ajouté 2 portraits de J.-J. Rousseau, dont celui de Massard, *sur chine.*

332. Gresset. Le Méchant, comédie en 5 actes, en vers, *Paris, Jouy,* 1747. In-12, mar. vert, rel. jans. tr. dor. (*Hardy.*)

Édition originale.

333. Marivaux. Les Comédies de M. de Marivaux jouées sur le théâtre de l'hôtel de Bourgogne par les comédiens italiens ord. du roy. *Paris, Briasson,* 1732. 2 vol. in-12, avec portrait. — Œuvres de théâtre de M. de Marivaux, de l'Académie françoise. *Paris, Duchesne,* 1758. 5 vol. in-12, avec portrait. — Ensemble 7 vol. in-12, mar. bleu, fil. dos orn. tr. dor. (*Cuzin.*)

Bel exemplaire.

334. Palissot. Les Philosophes, comédie en vers. *Paris, Duchesne,* 1760. In-12, mar. vert, fil. dos orné, tr. dor. (*Hardy.*)

Édition originale.
Exemplaire non rogné.

335. Beaumarchais. Eugénie, drame en 5 actes. *Paris, Merlin,* 1767. In-8, mar. rouge, dos orné, filets, tr. dor. (*Smeers.*)

Édition originale, ornée de 5 gravures de Gravelot.

336. Beaumarchais. Théâtre complet, publié, d'après les

éditions premières, par d'Heylli et Marescot. *Paris, Librairie des Bibliophiles,* 1871. 4 vol. in-8, mar. citron, filets et dos ornés. (*David.*)

<small>L'un des 15 exemplaires sur papier Whatman. On a ajouté 5 portraits de Beaumarchais, dont 3 *sur chine* et 2 *avant la lettre*; 25 gravures au trait de Gautier, *sur chine*; les figures de Gravelot, *sur chine*; de Saint-Quentin par Malapeau; de Tony Johannot, *sur chine*; de Simonnet, *sur chine, avant la lettre*, et EAUX-FORTES et des portraits d'Hillemacher; en tout 60 pièces.</small>

337. BEAUMARCHAIS. Eugénie, drame en 5 actes et en prose. *Paris, Merlin,* 1767. 5 figures par Gravelot. — Les Deux Amis, ou le Négociant de Lyon, drame en 5 actes et en prose. *Paris, Duchesne,* 1770. — Le Barbier de Séville, ou la Précaution inutile, comédie en 4 actes, représentée et tombée, sur le théâtre de la Comédie-Française, aux Tuileries, le 23 février 1775. *Paris, Ruault,* 1775. — La Folle Journée, ou le Mariage de Figaro, comédie en 5 actes et en prose. *Au Palais-Royal, Ruault,* 1785. — L'autre Tartuffe, ou la Mère coupable, drame en 5 actes et en prose. Édition originale (*sic*). *Paris, Rondonneau,* 1797. — Tarare, opéra en cinq actes, représenté, pour la première fois, sur le théâtre de l'Académie royale de musique, le 8 juin 1787. *Paris,* 1787. — Ensemble 6 vol. in-8, mar. violet, janséniste. (*Chambolle*).

<small>ÉDITIONS ORIGINALES.
Le *Mariage de Figaro* contient les figures de Saint-Quentin, gravées par Malapeau; *Eugénie,* les figures de Gravelot.</small>

338. BEAUMARCHAIS. La Folle Journée, ou le Mariage de Figaro. (*Kehl*), 1785. Grand in-8, mar. bleu, dos orné, 3 filets sur les plats, tr. dor. (*Thibaron.*)

<small>Exemplaire en grand papier vélin, il renferme la double suite de Saint-Quentin, gravée par Liénard et par Malapeau, 5 figures de Naudet, en travers, 5 portraits de Beaumarchais et 14 portraits par Hillemacher des acteurs ayant joué cette pièce; l'Errata se trouve à la fin du volume.</small>

339. LES APRÈS-SOUPÉS de la Société. Petit Théâtre lyrique et moral sur les aventures du jour. *Paris, chez l'auteur,* 1783. 6 vol. in-18, avec 28 gravures, vignettes ou frontispices par Binet, Eisen et Martinet, mar. bleu, tr. dor. fil. (*Cuzin.*)

<small>Charmant exemplaire de cet ouvrage très-rare, donné par Billardon de Sauvigny.</small>

340. Sedaine. Le Philosophe sans le savoir, comédie en prose et en 5 actes, représentée, par les comédiens ordi-

naires du Roy, le 2 novembre 1765. *Paris, Hérissant,* 1766. In-8, mar. rouge, jans. tr. dor. (*Cuzin.*)

ÉDITION ORIGINALE.

341. Marie-Jos. Chénier. Charles IX, ou l'École des Rois, tragédie. *Paris, de l'imprimerie de Didot jeune,* 1790. In-8, mar. vert, fil. tr. dor. (*Anc. rel.*)

Exemplaire en grand papier vélin. Figures *avant la lettre.* ÉDITION ORIGINALE.

342. CHÉNIER (M.-J.). Charles IX, ou l'École des Rois, tragédie, par M.-J. de Chénier, avec figures. *Paris, Didot,* 1790. In-8, 3 fig. mar. rouge, dos orné, tr. dor. (*Lortic.*)

Exemplaire en papier vélin avec portrait de Chénier, par Lefebvre, et 3 figures *avant la lettre.* Très-bel exemplaire.

343. THÉATRE DES BOULEVARDS, ou Recueil de Parades. *Mahon,* 1756. 3 vol. in-12, 3 frontispices, mar. rouge, fil. tr. dor. (*Rel. mod.*)

344. DEBURAU. Histoire du Théâtre à quatre sous (par Jules Janin). *Paris, Gosselin,* 1833. 2 tomes en 1 vol. in-12, mar. vert, dos orné, tr. dor. (*Allô.*)

Exemplaire relié sur brochure.

345. Alfonse dit l'Impuissant, tragédie en un acte. *A Origène, chez Jean qui ne peut.* In-12, mar. citron, janséniste, tr. dor. (*Thibaron.*)

Attribué à Collé. Bel exemplaire.

346. Collé. La Partie de chasse de Henri IV. comédie. *Paris,* 1766. In-8, 4 fig. de Gravelot, mar. bleu, fil. dos orné, tr. dor. (*Chambolle.*)

Portrait de Collé ajouté.

347. Casimir Delavigne. Les Vêpres siciliennes, tragédie en 5 actes. *Paris, Barba,* 1819. In-8, cart. n. rog.

ÉDITION ORIGINALE.

348. MARINO FALIERO, par C. Delavigne. *Paris, Barba,* 1829. In-8, mar. rouge, jans. tr. dor. (*Hardy.*)

ÉDITION ORIGINALE.
Exemplaire avec envoi autographe à Court, et portrait de l'auteur ajouté.

349. Louis XI, tragédie en 5 actes et en vers, par M. C. Delavigne, de l'Académie française. *Paris, Barba,* 1832.

In-8, un portrait de Louis XI, mar. rouge, jans. tr. dor. (*Hardy.*)

ÉDITION ORIGINALE. Les premiers feuillets sont courts.

350. DELAVIGNE (Casimir). Don Juan d'Autriche, ou la Vocation, comédie en 5 actes et en prose. *Paris, Barba*, 1836. In-8, mar. rouge, jans. tr. dor. (*Hardy.*)

351. MÉRIMÉE. Théâtre de Clara Gazul, comédienne espagnole, par Joseph Lestrange. *Paris, Sautelet*, 1825. In-8, mar. rouge, dos orné, tr. dor. (*Hardy.*)

ÉDITION ORIGINALE.

352. La Jaquerie, scènes féodales, suivies de la famille de Carvajal, drame, par l'auteur du théâtre de Clara Gazul (Prosper Mérimée). *Paris, Brissot-Thivars*, 1828, in-8, mar. bleu, dos orné, fil. dent. int. tr. dor. (*Chambolle-Duru.*)

PREMIÈRE ÉDITION.
Bel exemplaire relié sur brochure.

353. Le More de Venise, Othello, tragédie traduite de Shakspeare en vers français, par le comte Alfred de Vigny et représentée à la Comédie-Française, le 24 octobre 1829. *Paris, Levavasseur et Urb. Canel*, 1830. In-8, mar. bleu, dos orné, fil. tr. supér. dor. n. rog. (*Chambolle-Duru.*)

PREMIÈRE ÉDITION.

354. Vigny (Alfred de). La Maréchale d'Ancre, drame. *Paris, Gosselin*, 1831. In-8, lith., fleur. sur le titre, maroq. rouge, fil. dos orn. (*Chambolle.*)

ÉDITION ORIGINALE.

355. Vigny (Alfred de). Chatterton, drame. *Paris, Souverain*, 1835. In-8, frontisp. grav. maroq. rouge, dos orné, tr. dor. (*Chambolle.*)

ÉDITION ORIGINALE.

356. HUGO (Victor). Hernani, ou l'Honneur castillan. *Paris, Mame*, 1830. In-8, maroq. rouge, fil. dos orné, tr. dor. (*Chambolle.*)

Bel exemplaire de l'ÉDITION ORIGINALE, rempli de témoins.

357. HUGO (Victor). Le Roi s'amuse, drame. *Paris, Renduel*, 1832. In-8, 1 fig. de T. Johannot, maroq. rouge, fil. dos orné, tr. dor. (*Hardy.*)

ÉDITION ORIGINALE.
Exemplaire avec témoins.

M.

358. Hugo (Victor). Ruy Blas. *Paris, Delloye*, 1838. In-8, maroq. rouge, dos orné, tr. dor. (*Chambolle.*)

Édition originale.

359. Musset (Alfred de). Un Spectacle dans un fauteuil, vers. *Paris, Renduel*, 1833. In-8, mar. vert, filets à la Du Seuil, doublé en maroq. violet, à comp. dorés, tr. dor. (*Amand.*)

Édition originale.
Dans l'intérieur de la reliure on a placé les 4 portraits des principaux personnages des pièces.

360. Musset. Contes d'Espagne et d'Italie. *Paris, Urbain Canel*, 1830. — Un Spectacle dans un fauteuil. *Paris, Renduel*, 1833. — 2 tom. reliés en un vol. maroq. bleu, jans. tr. dor. (*Hardy.*)

Éditions originales.

361. Musset (Alfred de). Un Spectacle dans un fauteuil, prose. 2 vol. in-8. *Paris, Librairie de la Revue des Deux-Mondes*, 1834. 2 vol. in-8, veau fauve, filets, dos orné. (*Bauzonnet.*)

Très-bel exemplaire *non rogné* et en parfait état.

362. Un Caprice, comédie en un acte et en prose, par Alfred de Musset. *Paris, Charpentier*, 1847. In-12, papier vélin, mar. bleu, dos orné, fil. tr. dor. (*Chambolle-Duru.*)

Joli exemplaire de la première édition.

363. Il faut qu'une porte soit ouverte ou fermée, proverbe, par Alfred de Musset. *Paris, Charpentier*, 1848. In-12, papier vélin, mar. bleu, dos orné, fil. dent. int. tr. dor. (*Chambolle-Duru.*)

Joli exemplaire de la première édition.

364. Louison, comédie en deux actes et en vers, par Alfred de Musset. *Paris, Charpentier*, 1849. In-12, papier vélin, mar. bleu, dos orné, fil. dent. int. tr. dor. (*Chambolle-Duru.*)

Joli exemplaire de la première édition.

365. Bettine, comédie en un acte et en prose, par Alfred de Musset. *Paris, Charpentier*, 1851. In-12, papier vélin, mar. bleu, dos orné, fil. dent. int. tr. dor. (*Chambolle-Duru.*)

Joli exemplaire de la première édition.

366. La Camaraderie, ou la Courte-Échelle, comédie en cinq

actes et en prose, par M. E. Scribe. *Paris, J.-N. Barba, Delloye et Bezon*, 1837. In-8, cart. n. rog.

ÉDITION ORIGINALE.

367. Madame Émile de Girardin. L'École des journalistes. *Paris, Dumont*, 1839. In-8, demi-rel. mar. la V. avec coins, tête dorée, non rogné.

Bel exemplaire de l'ÉDITION ORIGINALE.

IX. ACTEURS ET ACTRICES.

368. Galerie historique des acteurs du Théâtre-Français depuis 1600 jusqu'à nos jours, par Le Masurier. *Paris, Chamerot*, 1810. 2 vol. in-8, demi-rel. maroq. orange, tr. supér. dor. n. rog. (*Hardy.*)

Ce bel exemplaire est orné de 86 figures et dessins, savoir : 1 front. par Le Barbier, 45 portraits d'Hillemacher, 22 portraits d'après Eisen, Bertaux, etc., et 18 dessins de Baudet-Bauderval.

369. Lagrange. Registre 1658-85, précédé d'une notice biographique, publié par les soins de la Comédie-Française. *Paris, Claye*, 1876. In-4, portr. de Lagrange par Hillemacher, demi-rel. maroq. rouge. (*David.*)

370. Souvenirs et Regrets d'un vieil auteur dramatique. *Paris, Leclerc*, 1861. In-8, mar. bleu, filets, dos orné. (*Hardy.*)

Papier vergé, 48 figures coloriées.

371. Galerie historique des portraits des comédiens de la troupe de Molière, gravés à l'eau-forte, par Fréd. Hillemacher. *Lyon, Perrin*, 1858. In-8, pap. teinté, portraits, mar. bl. fil. tr. dor. (*Chambolle-Duru.*)

PREMIÈRE ÉDITION. Rare. N° 28 sur 100 exemplaires.

372. Galerie historique des portraits des comédiens de la troupe de Molière, gravés à l'eau-forte par Hillemacher. *Lyon, Scheuring*, 1869. 1 vignette en tête et 42 portraits, in-8, maroq. bleu janséniste, tr. dor. (*Lortic.*)

Seconde édition.

373. Galerie historique des portraits des comédiens de la troupe de Voltaire, gravés par Hillemacher. *Lyon, Scheuring*, 1861. In-8, maroq. rouge, janséniste, tr. dor.

374. Galerie historique des comédiens de la troupe de Nicolet, avec des portraits gravés à l'eau-forte par F. Hillemacher. *Lyon, Scheuring,* 1869. In-8, mar. vert, jansén. tr. dor. (*Lortic.*)

375. Galerie historique des comédiens de la troupe de Talma, avec des portraits à l'eau-forte par Hillemacher. *Lyon, Scheuring,* 1866. In-8, maroq. brun, jans. tr. dor. (*Lortic.*)

376. SAND (Maurice). Masques et bouffons, textes et dessins par M. Sand, préface par G. Sand. *Paris, M. Lévy.* 2 vol. gr. in-8, 50 figures, mar. rouge, janséniste, tr. dor. (*Hardy.*)

Suite de figures au bistre.

X. ROMANS ANCIENS ET FRANÇAIS.

377. Collection des romans grecs traduits en français, avec des notes, par Courier, Larcher, Amyot, etc., précédée d'un essai sur les romans grecs par Villemain. *Paris, Merlin,* 1822 et années suivantes. 13 vol. in-12, mar. bleu, dos orné, tr. dor.

Très-bel exemplaire en grand papier de Hollande, avec les figures *avant la lettre* et les EAUX-FORTES.

378. Longus. Les Amours pastorales de Daphnis et Chloé, avec figures. *Paris, chez les héritiers Cramoisy,* 1716. In-12, 8 fig. mar. bleu, dos orné, filets, tr. dor. (*Hardy.*)

379. LONGUS. Les Amours pastorales de Daphnis et Chloé avec figures. *S. l.*, 1718. Petit in-8, un frontisp. par Coypel, 28 figures par le régent et une vignette par Scottin. Mar. bleu, filets, dos orné, tr. dor. (*Trautz-Bauzonnet.*)

Bel exemplaire (160 mill.).

380. Longus. Les Amours pastorales de Daphnis et Chloé. *S. l.*, 1745. Petit in-4, avec les 28 fig. du régent, et la gravure des petits pieds, mar. rouge, fil. doublé de moire, tr. dor. (*Reliure ancienne.*)

381. Longus. Les Amours pastorales de Daphnis et Chloé,

trad. par Amyot. *Paris, Didot, l'an VIII.* In-18, 5 grav. de Binet, mar. rouge janséniste, tr. dor.

382. Longus. Les Amours pastorales de Daphnis et Chloé, traduites du grec de Longus par Amyot. *Paris, Didot,* 1800. In-4, avec 8 fig. par Prudhon et Gérard, et les 4 saisons par Gérard, mar. vert, dentelle et bouquets de rose sur les plats, dos orné. (*Petit-Simier.*)

<small>Figures *avant la lettre*. On a ajouté les figures de Le Barbier, *avant la lettre*.</small>

383. Les Adventures amoureuses de Theagène et Cariclée, representées par figures, dedié au Roy (Louis XIII), par P. Valet, brodeur ordinaire. *Paris, chez P. Valet,* 1613. Pet. in-8, mar. brun, fleurs-de-lis et armes royales sur les plats, dos orné, tr. dor. (*Capé.*)

<small>Frontispice et 120 figures. Volume curieux et rare.</small>

384. Érasme. L'Éloge de la Folie traduit du latin par M. Gueudeville; nouvelle édition, revue et corrigée sur le texte de l'édition de Basle, ornée de nouvelles figures, avec des notes. *S. l.,* 1751. In-4, mar. rouge, dos orné, avec des têtes de fous reproduites sur les plats. (*Allô.*)

<small>Exemplaire en grand papier, avec témoins. Ce volume est orné de 1 front., 1 fleuron sur le titre, 13 estampes, 1 vignette et 1 cul-de-lampe, par Eisen.</small>

385. Éloge de la Folie, nouvellement traduit du latin d'Érasme par Ch. de la Veaux, avec des figures de J. Holbein. *A Basle, chez J.-J. Turneysen,* 1780. In-8, mar. rouge, dos orné, tr. dor. (*Petit.*)

<small>Les figures sont au nombre de 84.</small>

386. Chorier (Nicolas). Le Meursius français, ou Entretiens galants d'Aloysia. *Cythère (Paris, Cazin),* 1782. 2 tomes en 1 vol. pet. in-12, frontispice et 12 figures par Borel, mar. rouge janséniste, tr. dor. (*Cuzin.*)

<small>Épreuves *avant la lettre.*</small>

---

387. Les Cent Nouvelles nouvelles. Suivent les cent nouvelles contenant les cent histoires nouveaux qui sont moult plaisants à raconter en toutes bonnes compagnie par manière de joyeuseté. *Cologne (Amsterdam), chez P. Gaillard,* 1701. 2 vol. in-12, un frontisp. par R. de Hooge, 100 fig. à mi-page, 1 vig. et un cul-de-lampe, mar. rouge, dos orné, tr. dor. (*Capé.*)

388. Les Dix Dizaines des cent nouvelles nouvelles, réimprimées par Jouault, dessins de Garnier. *Paris*, 1874. 4 vol. in-8, mar. la Vallière, dos orné, tr. dor. (*Chambolle*.)

<small>L'un des 15 exemplaires *sur chine*. Eaux-fortes en trois états, *sur chine*, avec la lettre, *avant la lettre* et avec le nom des artistes; *avant la lettre* et avant le nom des artistes.</small>

389. Rabelais. Œuvres, avec remarques de Le Duchat. *Amsterdam, Bernard,* 1741. 3 vol. in-4, titres, fleurons, portraits, fig. vign. et culs-de-lampe de Picart, Folkema, Tanger, etc....., mar. roug. fil. dos orné, tr. dor. (*Petit*.)

<small>On a ajouté la collection des 71 figures faites pour l'édition de Bastien, remontées in-4.</small>

390. Rabelais. Les Grandes et inestimables Chroniques du grand et énorme géant Gargantua, contenant sa généalogie, la grandeur et force de son corps; et aussi les merveilleux faicts d'armes qu'il fist pour le roy Artus..... *Paris, Jouaust,* 1868. In-8, portraits de Rabelais et fleur. grav. sur le titre, mar. roug. fil. dos orné, tr. dor. (*Thibaron*.)

<small>La *Chronique de Gargantua*, premier texte du Roman de Rabelais, précédé d'une notice par Paul Lacroix. Exemplaire sur peau vélin.</small>

391. Rabelais. Les Songes drolatiques de Pantagruel où sont contenues plusieurs figures de l'invention de M. François Rabelais et dernière œuvre d'iceluy pour la récréation des bons esprits. *Paris, Tross,* 1869. In-8, portr. de Rabelais et nombr. figures, mar. roug. fil. dos orné. (*Masson-Debonnelle*.)

<small>L'un des trois exemplaires sur peau vélin.</small>

392. Marguérite de Valois, contes et nouvelles mis en beau langage accommodé au goût de ce temps et enrichi de figures en taille-douce. *Amsterdam, chez G. Gallet,* 1708. 2 vol. pet. in-8, frontispice par Harrewyn placé dans les 2 vol. et 72 fig. à mi-page par le même (non signées), mar. vert, filets, dos orné. (*Capé*.)

<small>Exemplaire non rogné.</small>

393. Heptaméron françois. Les Nouvelles de Marguerite reine de Navarre. *Berne, chez la nouvelle Société typographique,* 1780-1781. 3 vol. in-8, portrait par Dunker, chaque vol. 73 fig. par Freudenberg, 72 vignettes et 72 culs-de-lampe par Dunker, mar. rouge, fil. dos orné, doublé de

mar. bleu, dorures à petits fers, chiffre de Marguerite en mosaïque. (*Chambolle.*)

<small>Très-bel exemplaire *non rogné* (208 mill.). Les épreuves sont *avant les numéros.*</small>

394. Marguerite de Valois. Les Sept Journées de la reine de Navarre, suivie de la huitième édition de Claude Gruyet (1559), planches à l'eau-forte par Flameng. *Paris, librairie des Bibliophiles,* 1872. 4 vol. in-8, mar. orange, dos orné, tr. dor. *Aux armes du prince d'Essling.* (*Hardy.*)

<small>L'un des 20 exemplaires sur papier Whatman. Épreuves *avant la lettre.*</small>

395. Béroalde de Verville. Le Moyen de parvenir, nouvelle édition, corrigée de diverses fautes qui n'y étoient point et augmentée de plusieurs autres. *A Chinon, de l'imprimerie de François Rabelais, rue du grand Braquemart, à la pierre philosophale, l'année pantagruéline.* In-12 de 544 pag. non compris le titre, mar. orange, filets, dos orné, tr. dor. (*Thibaron.*)

<small>Jolie édition.</small>

396. Béroalde de Verville. Le Moyen de parvenir, nouvelle édition, 100070057. 2 vol. in-12, mar. rouge, dos orné, fil. tr. dor. (*Reliure ancienne.*)

397. Lupanie, avec les Maximes d'amour. *A la Tendresse, chez les amants,* 1700. In-12, mar. vert, ornements sur les plats, tr. dor. (*Duru.*)

<small>Attribué à Corneille Blessebois. Exemplaire grand de marges, avec témoins (138 mill.).</small>

398. La Fontaine. Les Amours de Psyché et Cupidon. *Paris, Thierry,* 1669. In-8, maroq. roug. fil. dos orné, tr. dor. (*Allô.*)

<small>Edition originale.
Exemplaire Danyau.</small>

399. La Fontaine. Les Amours de Psyché et de Cupidon, avec le poëme d'Adonis. *Paris, Didot,* 1795. In-4, portr. d'après Rigault, maroq. vert, fil. à la Dusseuil, dos orné. (*Thibaron.*)

<small>Exemplaire en grand papier vélin. Portrait d'après Rigaud, remonté; huit figures *avant la lettre* et sept eaux-fortes, d'après Moreau. On a joint à cet exemplaire 4 figures de Gérard, *avant la lettre.*</small>

400. Le Mariage de Belfégor, nouvelle (trad. de l'italien

de Machiavel par Tannegny de Sèvre). *S. l.,* 1664. In-12, mar. roug. fil. tr. dor. (*Marius Michel.*)

<small>Exemplaire grand de marges (139 mill.).</small>

401. Les Aventures ou Mémoires de la vie de Henriette-Sylvie de Molière. *Suivant la copie,* 1672, 6 part. en 1 vol. in-12, mar. rouge, dos orné, tr. dor. (*David.*)

402. LA FAYETTE (Mme de). Zayde, histoire espagnole (attribué à M. de Segrais), avec un traité de l'Origine des romans, par Huet. *Paris, Claude Barbin,* 1670. 2 vol. petit in-8, maroq. bleu, doublé de maroq. roug. fil. à la Du Seuil, dos orné, tr. dor. (*Lortic.*)

<small>Bel exemplaire de l'ÉDITION ORIGINALE (154 mill.).</small>

403. LA FAYETTE (Mme de). La Princesse de Montpensier. *Paris, Jolly,* 1662. In-12, maroq. citron, fil. dos orné, tr. dor. (*Trautz-Bauzonnet.*)

<small>Bel exemplaire réglé de l'ÉDITION ORIGINALE (142 mill.).</small>

404. LA FAYETTE (Mme de). La Princesse de Montpensier. *A Paris, jouxte la copie,* 1671. In-12, maroq. roug. dos orné, tr. dor. (*David.*)

<small>Cette édition se joint à la collection des Elzevier (131 mill.).</small>

405. LA FAYETTE (Mme de). La Princesse de Clèves. *Paris, Claude Barbin,* 1678. 4 tom. en 2 vol. in-12, maroq. bleu, doubl. de maroq. citron, fil. dos orné, tr. dor. (*Chambolle.*)

<small>ÉDITION ORIGINALE.
Bel exemplaire (154 mill.).</small>

406. Madame de la Fayette. La Princesse de Clèves, eaux-fortes de Masson. *Paris, Quantin,* 1878. In-8, mar. vert, fil. tr. dor. dent. int. tr. dor. (*Lortic.*)

<small>Exemplaire sur japon, avec doubles épreuves, noires et teintées.</small>

407. Histoires ou Contes du temps passé, avec des moralités, par le fils de M. Perrault, de l'Académie françoise. *Suivant la copie, à Paris (à la Sphère),* 1697. Pet. in-12, maroq. roug. fil. dos orné, tr. dor. (*Trautz-Bauzonnet.*)

<small>Frontispice gravé, sur lequel on lit : *Contes de ma mère Loye,* 3 ff. et 173 pages, plus la table. Édition fort rare, publiée en Hollande la même année que l'édition originale; elle est ornée de huit petites vignettes. Bel exemplaire (128 mill.).</small>

408. PERRAULT. Histoires ou Contes du temps passé, avec des moralités. *La Haye,* 1742. Pet. in-8, frontisp. et 9

vign. grav. maroq. roug. doublé de maroq. vert, large dentelle intérieure et sur les plats, dos orné, tr. dor. (*Hardy*.)

<small>Bel exemplaire.</small>

409. C. Perrault. Contes des fées. *Paris, Fournier*, 1781. In-12, frontisp. et fig. à mi-page, maroq. roug. fil. dos orné. (*Trautz-Bauzonnet*.)

<small>Édition imprimée en gros caractères, vignette en tête de chaque conte.</small>

410. La Comtesse de Chateaubriand, ou les Effets de la jalousie. *Paris, Th. Guillain*, 1695. Mar. bleu, dos orné, tr. dor. (*Cuzin*.)

411. FÉNELON. Suite du quatrième livre de l'Odyssée d'Homère, ou les Avantures de Télémaque, fils d'Ulysse. *Paris, chez la veuve de C. Barbin au Palais sur le second perron de la Sainte Chapelle*, 1699, in-12 de 4 folios et 208 pages de 23 lignes, mar. bleu, dos orné, milieux sur les plats, tr. dor. (*Thibaron*.)

<small>Le titre courant porte *Odicée* jusqu'à la dernière page, et le titre *Odyssée*. Bel exemplaire, grand de marges (152 mill.).</small>

412. FÉNELON. Les Aventures de Télémaque, fils d'Ulysse, par feu messire F. de S. de L. M. Fénelon, première édition conforme au manuscrit original. *Paris, Estienne*, 1717. 2 vol. in-12, frontispice, vignette et 24 figures, carte géographique, mar. rouge, filets, dos orné, tr. dor. (*Trautz-Bauzonnet*.)

<small>Très-bel exemplaire (169 mill.).</small>

413. FÉNELON. Les Avantures de Télémaque, fils d'Ulysse, par feu Mess. F. de Salignac La Mothe Fénelon, précepteur de Messeigneurs les enfants de France et depuis archevêque, duc de Cambrai, prince du Saint-Empire, nouvelle édition, conforme au manuscrit original et enrichie de figures en taille-douce. *Amsterdam, Wetstein*, 1734. In-fol. texte encadré, mar. rouge, dos orné, ornements sur le plat. (*Reliure hollandaise*.)

<small>Édition publiée par le marquis de Fénelon, et tirée à 150 exemplaires. Celui-ci est du petit nombre de ceux auxquels on a ajouté : — *Examen de la conscience d'un Roi*, 40 pages ; — *Chap. de la Généalogie de Fénelon*, 8 pages ; — Liste des ouvrages de Fénelon, 10 pages. — Cette édition est ornée de 1 front. par Picart, 1 portrait de Fénelon par Vivien, 24 figures par Debrie et Dubourg.</small>

414. Fénelon. Les Avantures de Télémaque. *Paris, Didot*,

1781. (Par ordre du comte d'Artois.) 4 vol. in-18, mar. citron, dos orné, dentelles à la fanfare sur les plats, dent. int. tr. dor. (*Thibaron.*)

<small>Exemplaire en papier vélin, avec les armes du comte d'Artois sur les titres. On a joint 3 portraits de Fénelon, par Hopwood et Tavernier, *sur chine, avant la lettre,* par Delvaux, ainsi que la suite des figures de Lefèvre, *avant la lettre.*</small>

415. FÉNELON. Les Aventures de Télémaque, fils d'Ulysse, par M. de Fénelon, avec figures en taille-douce, dessinées par MM. Cochin et Moreau le Jeune. *Paris, de l'impr. de Monsieur.* 2 vol. gr. in-8, maroq. citron, dos orné, tr. dor. (*Chambolle.*)

<small>Exemplaire en grand papier vélin. Les 7 figures de l'édition sont *avant la lettre*. On a ajouté 3 portraits par Savart, Hubert et Hopwood, d'après Vivien, dont deux sur chine, 20 figures de Marillier, 24 figures de Moreau, et 24 de Lefevre, toutes *avant la lettre*, ensemble 87 figures et portraits.</small>

416. Les Aventures de Télémaque, fils d'Ulysse, par M. de Fénelon. *Paris, Ant.-Aug. Renouard*, 1795, 2 vol. in-4, portrait et figures de Monnet, gravées par Tilliard, veau brun, tr. dor.

417. FÉNELON. Aventures de Télémaque, 14 gravures à l'eauforte, par Foulquier. *Tours, Mame,* 1873. Gr. in-8, maroq. rouge, dos orné, filets à la Dusseuil, tr. dor. (*Lortic.*)

<small>Exemplaire SUR CHINE.</small>

418. Relation historique de l'amour de l'empereur du Maroc pour la princesse de Conti, par le comte D... *Cologne, P. Marteau,* 1700. Pet. in-12, mar. rouge, filets, dos orné. (*Cuzin.*)

<small>Exemplaire *non rogné* (144 mill.).</small>

419. NOUVEAUX CONTES A RIRE et Aventures plaisantes de ce temps, ou Récréations françoises. *Cologne, chez Roger Bontemps,* 1702. In-12, 1 frontispice et gravures à mi-page de Schonenbeck, maroquin citron, dentelle, dos orné, tr. dor. (*Trautz-Bauzonnet.*)

420. Le C*** content, ou le Véritable Miroir des amoureux, histoire nouvelle et galante. *Sur l'imprimerie à Amsterdam,* 1702. In-12, fr. gravé, mar. r. fil. tr. dor. (*David.*)

421. Le Cabinet d'Amour et de Vénus. *Cologne, héritiers Marteau, s. d.* 2 tomes en 1 vol. in-12, maroq. citron, fil. dos orné, tr. dor. (*Thibaron.*)

<small>Rare. La fin du second volume a été complétée par une copie manuscrite. On a ajouté 12 figures au trait.</small>

BELLES-LETTRES.

422. Hamilton. Mémoires de la vie du comte de Grammont, contenant particulièrement l'histoire amoureuse de la cour d'Angleterre sous le règne de Charles II. *A Cologne, chez P. Marteau,* 1713. In-12. — Le Bélier, conte, par M. le comte Antoine Hamilton. *A Paris, chez Josse,* 1730. In-12. — Histoire de Fleur-d'Épine, conte. *Paris, Josse,* 1730. In-12. — Les Quatre Facardins, conte. In-12. *Paris, Josse,* 1730. — Œuvres mêlées en prose et en vers. *Paris, Josse,* 1731. In-12. Ensemble 5 volumes mar. rouge, filets, dos orné, tr. dor. (*Hardy.*)

Bel exemplaire de cette réunion des ÉDITIONS ORIGINALES des ouvrages de Hamilton.

423. Hamilton. Mémoires de la vie du comte de Grammont... *Cologne, Pierre Marteau,* 1713. In-12, mar. citron, fil. doublé de mar. rouge, large dentelle intérieure, tr. dor. (*Chambolle.*)

Très-bel exemplaire de l'ÉDITION ORIGINALE et qui paraît être tiré sur papier fort. On a ajouté deux jolis dessins de Choquet.

424. Hamilton. Mémoires du comte de Grammont, préface et notes par Benjamin Pifteau. *Paris, Jules Bonnassies,* 1876. In-8, mar. bl. fil. tr. dor. (*Chambolle.*)

L'un des 10 exemplaires sur chine avec 3 états des planches, *avant la lettre,* avec et sans nom d'artistes et au bistre.

425. (Montesquieu.) Lettres persanes. *Amsterdam, Pierre Brunel,* 1721. 2 tomes en 1 vol. gr. in-12, mar. brun janséniste, tr. dor. (*Cuzin.*)

Belle édition et qui paraît être l'ÉDITION ORIGINALE. Titre en noir et rouge, 311 et 347 pages. L'exemplaire est grand de marges (160 mill.).

426. Montesquieu. Lettres persanes. *Cologne, Pierre Marteau,* 1721. 2 tomes en 1 vol. in-12, mar. brun, jans. tr. dor. (*Cuzin.*)

Édition en petits caractères, publiée la même année que l'édition originale. 178 et 220 pages. Le titre du tome deuxième manque.

427. Montesquieu. Le Temple de Gnide, nouv. édition avec figures gravées par Lemire, d'après les dessins d'Eisen, le texte gravé par Drouet. *Paris, Lemire,* 1772. Gr. in-8, 1 titre gravé, 1 frontispice, portrait, 9 figures et 1 fleuron, mar. rouge foncé, large dentelle sur le plat, dos orné, tr. dor. (*R. Petit.*)

Très-bel exemplaire, grand de marges (256 mill.). On a ajouté à cet exemplaire 5 portraits de Montesquieu *sur chine,* avec et *avant la lettre,* la suite des figures de Monnet, celles d'Eisen, celles de Duplessi-Bertaux, *avant la lettre*, et autres pièces; ensemble 39 figures et 5 portraits.

428. Montesquieu. Le Temple de Gnide, suivi d'Arsace et d'Isménie. *Paris, Didot*, 1796. In-12, orné de 12 grav. dont 10 de Regnault, pour le temple et 1 de Lebarbier pour Isménie, 1 portrait sur le titre, mar. bleu, filets, dos orné, tr. dor. (*Capé.*)

> Très-bel exemplaire en grand papier vélin, avec les figures avec et *avant la lettre*.

429. Prévost (L'abbé). Mémoires et Aventures d'un homme de qualité qui s'est retiré du monde (Histoire de Manon Lescaut). *Amsterdam*, 1731. Pet. in-12, fleuron grav. sur le titre, mar. bleu, dos orné. (*Cuzin.*)

> Première édition de Manon Lescaut. Exemplaire grand de marges (133 mill.). Ce volume porte *tome VII*.

430. Prévost (L'abbé). Suite des Mémoires et Aventures d'un homme de qualité qui s'est retiré du monde. *Amsterdam*, 1733. Gr. in-12, fleur. gravé, sur titre, mar. rouge, dos orné, tr. dor. (*Belz-Niedrée.*)

> Exemplaire très-grand de marges de cette édition de Manon Lescaut, la première imprimée séparément, sans indication de tome sur le titre.

431. Prévost (L'abbé). Histoire du chevalier Desgrieux et de Manon Lescaut. *Amsterdam*, 1753. 2 vol. in-12, fig. et vign. de Gravelot et Pasquier, mar. bleu, larg. dent. sur les plats, dos orné, tr. dor. (*Capé.*)

> Exemplaire en papier de Hollande. Très belles épreuves des gravures.

432. PRÉVOST (L'abbé). Histoire du chevalier Desgrieux et de Manon Lescaut. *Paris, Didot (chez Bleuet)*, 1797. 2 vol. gr. in-12, 32 fig. en divers états, mar. rouge, doublé de mar. vert, fil. à la Du Seuil, dos orné (*Lortic.*)

> Exemplaire en grand papier vélin, relié sur brochure. La suite de Lefevre est avec la lettre, *avant la lettre*, et *avant la lettre sans noms d'artistes*, avec les contre-épreuves.

433. Prévost. Histoire de Manon Lescaut et du chevalier Desgrieux. *Paris, Lemerre*, 1870. In-12, mar. citron, fil. dos orné (*Hardy.*)

> Exemplaire sur chine.

434. Prévost (L'abbé). Manon Lescaut. *Paris, Glady frères*, 1875. Gr. in-8, mar. bl. larges dentelles, tr. dor. (*Lortic.*)

> Très-bel exemplaire sur papier de Chine. Eaux-fortes de Flameng, de Hédouin et de Chauvet, sur chine, *avant la lettre*.

435. LE SIÈGE DE CALAIS, nouvelle historique (par Mme la marquise de Tencin et Pont-de-Vesle). *La Haye, chez J. Neaulme*, 1739. 2 tom. en 1 vol. in-12, mar. rouge, dos orné, filets, tr. dor. (*Cuzin.*)

ÉDITION ORIGINALE.

436. LE SAGE. Le Diable boiteux. *Paris, veuve Barbin*, 1707. In-12, mar. rouge, dos orné, tr. dor. (*Brany.*)

Seconde édition. Rare. Exemplaire grand de marges (161 mill.).

437. LE SAGE. Le Diable boiteux. *Amsterdam*, 1739. 2 tom. en 1 vol. in-12, figures, mar. rouge, dos orné. (*Lortic.*)

Les figures de cette édition sont fort remarquables et très-originales.

438. HISTOIRE DE GIL BLAS DE SANTILLANE, par M. LE SAGE. *Paris, par les Libraires associés*, 1747. 4 vol. in-12, 23 fig. mar. rouge, large dentelle sur le plat, dos orné, tr. dor. (*Trautz-Bauzonnet*.)

Superbe exemplaire de la bonne édition sous cette date. Les épreuves sont excellentes.

439. LE SAGE. Histoire de Gil Blas de Santillane, par Le Sage, avec des notes historiques et littéraires, par F. de Neufchâteau. *Lefèvre*, 1825. 3 vol. in-8, mar. rouge, filets à la Du Seuil, dos orné, tr. dor. (*Lortic.*)

Exemplaire en grand papier vélin, orné de 165 figures, *toutes avant la lettre*, et notamment de la charmante suite de Borel, Charpentier et Duplessi-Bertaux.

440. Histoire de Gil Blas de Santillane, par Le Sage, précédée d'une préface par H. Reynald; treize eaux-fortes par R. de Los Rios. *Paris, Librairie des Bibliophiles (D. Jouaust)*, 1879. 4 vol. gr. in-8, figures, br.

Exemplaire sur *papier de Chine* avec les figures en 2 états, avec et *avant la lettre*.

441. (Watelet.) Silvie. *Londres*, 1743. In-8, frontisp. fleur. sur le titre, fig. vign. et culs-de-lampe, mar. vert, fil. dos orné, tr. dor. (*Cuzin.*)

442. ACAJOU ET ZIRPHILE, conte. *Minutie*, 1744. In-4, mar. r. fil. tr. dor. (*Lortic.*)

Bel exemplaire en grand papier. Figures de Boucher.

443. Angola, histoire indienne, ouvrage sans vraisemblance. *A Agra, avec privilège du Grand-Mogol*. 1751. 2 in-12, 5 fig. avant la lettre dont 2 signées Eisen, 1 fleur.

sur le titre de chaque volume et 2 vignettes d'Eisen, mar. rouge, fil. tr. dor. avec la mention en lettres d'or sur le plat, du nom de : *Racine Demonville*. (*Reliure ancienne*.)

> Bel exemplaire. Cet ouvrage, dans le genre de Crébillon fils, qui était alors censeur royal, est attribué au chevalier de la Morlière, et par d'autres au duc de la Trémoïlle, dans les papiers duquel on l'aurait trouvé.

444. VOLTAIRE. Romans et contes. *Bouillon*, 1778. 3 vol. in-8, 1 portr. fleur. sur titre, frontisp. fig. et vign. de Monnet, Moreau, Marillier, etc., mar. rouge, fil. dos orn. (*Thibaron*.)

> Très-bel exemplaire rempli de témoins (228 mill. de hauteur), et dont toutes les figures (moins une) sont *avant les numéros*.

445. VOLTAIRE. Romans (Zadig et Micromégas, Candide, l'Ingénu, la Princesse de Babylone, Lettres d'Amabed et le Taureau blanc). *Paris, Librairie des Bibliophiles*, 1878. 5 vol. gr. in-8, mar. r. fil. tr. dor. (*Chambolle*.)

> Exemplaire *sur chine*. Les eaux-fortes sont *avant* et avec la lettre.

446. VOLTAIRE. Candide, ou l'Optimisme, traduit de l'allemand du docteur Ralph. *S. l.* 1759. In-12, mar. rouge, fil. dos orné, tr. dor. (*Hardy*.)

> Édition en gros caractères ayant 299 pages. Sur le titre, un fleuron avec deux E couronnés, et 6 lignes à la dernière page de la table.

447. VOLTAIRE. Candide ou l'Optimisme, traduit de l'allemand du docteur Ralph. *S. l.* 1759. In-12, mar. citron, fil. dos orné, tr. dor. (*Thibaron*.)

> Autre édition publiée sous la même date avec le même nombre de pages. Les fleurons sont changés et la dernière page de la table a 17 lignes.

448. VOLTAIRE. Le Huron, ou l'Ingénu. *Lausanne*, 1767. 2 part. en 1 vol. in-12, mar. bleu, rel. janséniste, tr. dor. (*Cuzin*.)

> ÉDITION ORIGINALE.

449. L'Homme aux quarante écus, par Voltaire. *Paris*, 1768. In-8, demi-rel. mar. rouge, dos orné.

> ÉDITION ORIGINALE.
> Exemplaire avec témoins.

450. ROUSSEAU (J.-J.). Émile, ou l'Éducation. *Londres, Cazin*, 1781. 4 vol. in-12, tiré in-8, mar. rouge, avec ornements sur les plats, dos orné, tr. dor. (*Capé*.)

> Exemplaire en grand papier. Portrait et figures de Moreau.

451. Les Bijoux indiscrets, par Diderot. *A Paris, chez tous les Marchands de nouveautés*, 1797. 2 vol. in-16, mar. violet, filets, dos orné, une gravure en tête du 2ᵉ volume, tr. dor.

Exemplaire rempli de témoins.

452. Jacques le fataliste et son maître, par Diderot. *Paris, Maradan,* 1798. 2 vol. in-12, mar. rouge, filets, tr. dor. (*Chambolle.*)

Cette édition est ornée de deux figures de Challiou. On a joint les DESSINS ORIGINAUX.

453. COLLECTION DES ŒUVRES complètes de M. Crébillon le fils. *Londres,* 1769. 7 vol. grand in-12, mar. vert, dos orné.

Très-bel exemplaire.

454. CRÉBILLON fils. Tanzaï et Néadarné, histoire japonaise, avec figures. *Pékin,* 1740. 2 vol. in-16 avec 5 jolies figures non signées, mar. la Vallière, dent. sur les plats, dos orné, tr. dor. (*Hardy.*)

Premières épreuves, *avant les numéros*. Bel exemplaire.

455. Crébillon fils. Le Sopha, conte moral, nouvelle édition. *A Pékin, chez les Libraires associés,* 10007006014. In-12, mar. rouge, tr. dor. 3 filets.

456. CRÉBILLON fils. Le Sopha, conte moral. *Pékin, chez l'imprimeur de l'Empereur,* 1749. 2 tomes en 1 vol. in-12. 1 front. 4 figures, 2 vignettes par Clavereau, et 2 fleurons par Cochin, mar. bleu, dos orné, tr. dor. (*Chambolle.*)

457. Crébillon fils. Le Sopha, conte moral, *Bruxelles, Rozez,* 1869. In-8, maroq. la Vallière, dos orné, tr. dor. (*Claessens.*)

L'un des deux exemplaires *sur chine*.

458. Crébillon fils. La Nuit et le Moment, ou les Matines de Cythère, dialogue; nouvelle édition. *A Londres, et se trouve à Amsterdam,* 1776, mar. bleu, filets à la Du Seuil, dos orné, tr. dor. (*Lortic.*)

Figures. On a ajouté un joli titre dessiné à la plume par Chauvet, et QUATRE DESSINS au lavis du même artiste.

459. La Reine de Golconde, conte (par Boufflers). *S. l.* 1761. In-12, titre frontisp. gr. et portr. de l'auteur ajouté, mar. rouge, fil. dos orné, tr. dor. (*Chambolle.*)

460. Faunillane, ou l'Infante jaune, conte. *A Badinopolis, chez les frères Ponthommer*, à l'enseigne du roi d'Égypte, 1767. In-12, 10 figures de Boucher et un fleuron sur le titre, maroq. citron, dos orné, filets, tr. dor. (*Chambolle.*)

Attribué au comte de Tessin. Bel exemplaire, grand de marges (159 mill.). Les épreuves sont fort belles.

461. Contes moraux, par M. Marmontel, de l'Académie françoise. *Paris, Merlin*, 1765. 3 vol. in-8, portrait par Cochin, titre par Gravelot, répété dans chaque vol. et 23 fig. par Gravelot, 3 vignettes et 8 culs-de-lampe, mar. vert, filets, dos orné, tr. dor. (*Thibaron.*)

Épreuves *avant les numéros*. Lettre grise. Très-bel exemplaire.

462. La Vie de Marianne, ou les Aventures de Mme la comtesse de....., par M. de Marivaux. *Amsterdam, Chanquion*, 1778. 2 in-12, 11 fig. par Schley, 1 fleuron sur le titre de chaque vol. mar. bleu, comp. dor. sur les plats, dos orné, tr. dor. (*Chambolle.*)

463. Denon. Point de lendemain, conte, suivi de la Nuit merveilleuse. *Paris*, 1777. In-8, frontisp. et fig. demi-rel. mar. rouge, dos orné. (*Brany.*)

Réimpression faite en 1867. L'un des 5 exemplaires sur chine. Il est orné d'un frontispice et de 11 dessins au lavis.

464. Denon. Point de lendemain, conte. *Paris, Leclerc*, 1866. In-8, demi-rel. mar. orange, dos orné. (*Hardy.*)

Exemplaire sur chine.

465. Le Paysan et la Paysanne pervertis, ou les Dangers de la ville, histoire récente, mise au jour d'après les véritables lettres des personnages, par M. E. Restif de la Bretonne. *La Haye*, 1784. 4 vol. pet. in-12, avec 120 fig. dont 8 front. mar. rouge, filets, dos orné, tr. dor. (*Cuzin.*)

Très-bel exemplaire.

466. Histoire du Petit Jehan de Saintré, par M. de Tressan. *Paris, Didot*, 1791. In-12, mar. rouge, filets, tr. dor. (*Bradel.*)

Exemplaire en papier vélin avec les figures de Moreau, *avant la lettre*.

467. Louvet. Les Amours du chevalier de Faublas. *Bruxelles*, 1869. 4 vol. in-8, mar. brun, dos orné, demi-rel, tr. sup. dor. non rog.

Édition ornée de huit gravures sur acier, d'après Marillier.
Épreuves *sur chine*.

468. LES AMOURS DU CHEVALIER DE FAUBLAS, par J.-B. Louvet. 3° édition, revue par l'auteur. *An VI de la République.* 4 vol. in-8, 27 figures par Marillier, Monnet, Gérard, maroq. brun, dos orné, tr. dor. (*Courteval.*)

<small>Exemplaire en papier vélin. Figures *avant la lettre*.</small>

469. CHODERLOS DE LACLOS. Les Liaisons dangereuses. *Genève*, 1792. 4 vol. in-18, maroq. vert, fil. dos orné, tr. dor. (*Bradel.*)

<small>Papier vélin. Figures de Le Barbier, *avant la lettre*.</small>

470. CHODERLOS DE LACLOS. Les Liaisons dangereuses, lettres recueillies dans une Société et publiées pour l'instruction de quelques autres. *Londres*, 1796. 2 vol. in-8, 1 front. et 15 fig. par Monnet et D^{lle} Gérard, maroq. la Vallière, larg. dent. sur les plats, doublé de tabis, tr. dor. (*Chambolle.*)

<small>Très-bel exemplaire en papier vélin avec les figures *avant la lettre*, la lettre imprimée sur des papiers de soie. Rare.</small>

471. Dulaurens. Le Compère Mathieu, ou les Bigarrures de l'esprit humain. *Imprimerie de Patris*, 1796. 3 vol. in-8, mar. vert, filets.

<small>Exemplaire en grand papier avec 9 figures *avant la lettre*.</small>

472. PAUL ET VIRGINIE, par J.-B.-H. de Saint-Pierre, avec figures. *Paris, Didot*, 1789. In-16, mar. rouge, fil. tr. dor. (*Bradel.*)

<small>Figures de Moreau.</small>

473. Bernardin de Saint-Pierre. Paul et Virginie, suivi de la Chaumière indienne, du Café de Surate, du Voyage en Silésie. *Paris, Méquignon-Marvis*, 1822. In-8, grand papier vélin, relié en 2 vol. mar. bleu, dos orné, coins, non rogné. (*Allô.*)

<small>Très-bel exemplaire de cette édition ornée d'une jolie vignette sur le titre et de 4 gravures d'après Desenne, gravées par Heath (la vignette est en double état, avec et *avant la lettre* sur blanc et sur chine). On a ajouté à cet exemplaire les 15 gravures de Laffitte, Moreau, Girodet, faites pour les œuvres complètes publiées en 1818, la plupart en 3 états, avec, *avant la lettre*, et EAUX-FORTES; les gravures de Corbou1, in-8 et in-18; diverses gravures de Desenne; les gravures anglaises de Westall, gravées par Heath; les portraits de Johannot (la Bramine avec l'étoile), le portrait du Docteur, d'après Meissonier; enfin 10 portraits de l'auteur, dont celui d'après Laffitte, *avant la lettre*, avec et sans la sphère; en tout 142 illustrations, dont 82 pour Paul et Virginie.</small>

474. BERNARDIN DE SAINT-PIERRE. Paul et Virginie et la

Chaumière indienne. *Paris, L. Curmer*, 1838. Grand in-8, avec le portrait de Bernardin de Saint-Pierre, 31 gravures de T. Johannot, Meissonier, vignettes et culs-de-lampe, mar. rouge, dos orné, filets, tr. dor. (*David.*)

<small>Très-bel exemplaire. Les gravures et portraits hors texte sont *sur chine, avant la lettre*. Celui du Docteur est de Meissonier. Le portrait de Mme Curmer se trouve dans cet exemplaire.</small>

475. Bernardin de Saint-Pierre. Paul et Virginie, préface par Jules Janin, eaux-fortes de Flameng. *Paris, Librairie des Bibliophiles*, 1875. In-12, mar. bl. fil. tr. dor. non rog. (*Cuzin.*)

<small>Exemplaire *sur chine*.</small>

476. Bernardin de Saint-Pierre. Paul et Virginie. Eaux-fortes de Régamey. *Paris, Quantin*, 1878. In-8, mar. v. fil. tr. dor. (*Lortic.*)

<small>Exemplaire sur japon, avec double suite des EAUX-FORTES.</small>

477. Bernardin de Saint-Pierre. Paul et Virginie. *Paris, Librairie des Bibliophiles*, 1878. Gr. in-8, mar. vert, fil. tr. dor. (*Lortic.*)

<small>Exemplaire en *papier de Chine*, avec les eaux-fortes de La Guillermie *avant la lettre*, les eaux-fortes de Lalauze, premier état et 3 portraits.</small>

478. Voyage autour de ma Chambre, par le comte X*** (Xavier de Maistre). *Paris, Dufart, an VII*. In-18. 144 pages, mar. orange, fil. tr. dor. (*Chambolle.*)

<small>Frontispice gravé.</small>

479. Voyage autour de ma Chambre, par X. de Maistre. Nouvelle édition avec miniatures. *Paris, Tardieu*, 1860. In-12, mar. vert, dos orné, tr. dor. (*David.*)

<small>Exemplaire sur papier teinté. Eaux-fortes dans le texte et hors texte.</small>

480. Voyage autour de ma Chambre, par X. de Maistre. *Paris, Librairie des Bibliophiles*, 1872. In-8, un portrait et 6 eaux-fortes, mar. rouge, fil. tr. dor.

<small>Exemplaire *sur chine*.</small>

481. CHATEAUBRIAND. Atala. René. *Paris, Lenormant*, 1805. In-12, mar. bleu, fil. dos orné, tr. dor. (*Hardy.*)

<small>Première édition où ces deux romans se trouvent réunis. C'est l'ÉDITION ORIGINALE de René.</small>

482. Mlle de Clermont, nouvelle historique, par Mme de Genlis. *Paris, Maradan*, 1813. In-18, mar. vert, dos orné, fil. (*Bozérian.*)

<small>Figures de Desenne *avant la lettre*.</small>

483. Adolphe. Anecdote trouvée dans les papiers d'un inconnu et publiée par Ch.-Benjamin de Constant. *Paris,* 1816. In-12, mar. brun, dos orné, tr. dor. (*Raparlier.*)
   ÉDITION ORIGINALE.

484. Benjamin Constant. Adolphe. Eaux-fortes de Régamey. *Paris, Quantin,* 1878. In-8, mar. vert, fil. tr. dor. (*Lortic.*)

485. Jean Sbogar (par Charles Nodier). *Paris, Gide fils,* 1818. 2 vol. grand in-12, mar. rouge, filets, dos orné, tr. dor. (*Hardy.*)
   ÉDITION ORIGINALE.

486. Casanova de Seingalt. Mémoires. *Paris,* 1843. 4 vol. in-12, demi-rel. mar. rouge, n. rog. (*David.*)

487. L'ANGLAIS MANGEUR D'OPIUM, traduit de l'anglais par A. D. M. (A. de Musset). *Paris, Mame et Delaunay-Vallée, libraires,* 1828. In-12, cartonné, *non rogné.*
   Superbe exemplaire de ce livre excessivement rare.

488. MUSSET (Alfred DE). Contes d'Espagne et d'Italie. *Paris, Levavasseur,* 1830. In-8, mar. la Vall. compartiments dorés, mosaïque sur les plats, dos orné, tr. dor. (*Amand.*)
   ÉDITION ORIGINALE. On a ajouté à l'exemplaire un DESSIN à l'aquarelle, et le relieur a placé au milieu de la reliure le portrait peint en médaillon d'Alfred de Musset.

489. La Confession d'un enfant du siècle, par Alfred de Musset. *Paris, Félix Bonnaire,* 1836. 2 vol. in-8, mar. vert d'eau, dos orné, fil. dent. int. tr. dor. (*Chambolle-Duru.*)
   PREMIÈRE ÉDITION.

490. Chronique du temps de Charles IX, par l'auteur du Théâtre de Clara Gazul (Prosper Mérimée). *Paris, Alex. Mesnier,* 1829. In-8, demi-rel. mar. rouge, jans. tr. supér. dor. éb.
   PREMIÈRE ÉDITION.

491. MÉRIMÉE. Chronique du règne de Charles IX, par P. Mérimée, illustrée de 31 eaux-fortes de Morin. *Paris, Chamerot,* 1876. 2 vol. in-8, mar. rouge, dos orné, 7 filets, tr. dor. (*Thibaron.*)
   Superbe exemplaire de cette publication tirée à 115 exemplaires et devenue très rare.

492. La Double Méprise, par l'auteur du Théâtre de Clara Gazul. *Paris, Fournier,* 1833. In-8, demi-rel. mar. rouge, dos orn. n. rog. (*Raparlier.*)

Première édition.

493. Colomba, par Prosper Mérimée. *Paris, Comon,* 1841. In-8, mar. rouge, dos orné, fil. tr. dor. (*Hardy.*)

Édition originale.

494. Carmen, par Prosper Mérimée. *Paris, Michel Lévy,* 1846. In-8, mar. rouge, dos orné, tr. dor. (*Hardy.*)

Édition originale.

495. Notre-Dame de Paris, par Victor Hugo. Seconde édition. *Paris, Ch. Gosselin,* 1831. 2 vol. in-8, cart.

Vignette de Porret sur le titre de chaque volume. En tête du tome Ier on a ajouté un portrait de Victor Hugo, dessin de Prosper Mérimée, et la gravure *sur chine* tirée à 12 exemplaires.

496. La Peau de Chagrin, roman philosophique, par M. de Balzac. *Paris, Gosselin,* 1831. 2 vol. in-8, mar. rouge, jans. tr. dor. (*Smeers.*)

Frontispice gravé à chaque volume. Édition originale.

497. Histoire de la grandeur et de la décadence de César Birotteau, par Honoré de Balzac. *Paris,* 1838. 2 vol. in-8, demi-rel. mar. rouge, avec coins, tête dorée, non rogné. (*Pagnant.*)

Bel exemplaire de la première édition.

498. Alfred de Vigny. Les Consultations du Docteur noir. — Stello, ou les Diables bleus. *Paris, Gosselin et Renduel,* 1832. In-8, mar. bl. fil. tr. dor.

Bel exemplaire sur papier vergé et rempli de témoins. Figures de Tony Johannot sur chine.

499. Servitude et Grandeur militaires, par le comte Alfred de Vigny. *Paris, Félix Bonnaire et Victor Magen,* 1835. In-8, cart. percale verte.

Bel exemplaire non rogné, avec sa couverture imprimée.

500. Lélia, par George Sand. *Paris, Dupuy et Tenré,* 1833. 2 vol. in-8, cartonnés, non rognés.

Édition originale.

501. Caliban, par deux ermites de Ménilmontant rentrés dans le monde. *Paris, Denain,* 1833. 2 vol. in-8 avec

2 eaux-fortes, demi-rel. mar. bleu, dos orné, non rognés. (*David.*)

<small>Recueil de contes, par Ed. Pouyat, ancien maître d'études, saint-simonien et rédacteur du *Globe*, et Charles Menier, auteur dramatique.</small>

502. GAUTIER (Théophile). Albertus, ou l'âme et le péché, légende théologique, par T. Gautier. *Paris, Paulin*, 1833. In-12, mar. rouge jans. tr. dor. (*Cuzin.*)

<small>ÉDITION ORIGINALE. Frontispice sur chine de Célestin Nanteuil. Exemplaire relié sur brochure, avec témoins. Couverture originale.</small>

503. Gautier (Théophile). Celle-ci et Celle-là. *Lucerne*, 1864. In-12, mar. rouge jans. (*Chambolle.*)

<small>Exemplaire sur PEAU VÉLIN.</small>

504. MADEMOISELLE DE MAUPIN, double amour, par Théoph. Gautier. *Paris, Renduel*, 1835. 2 vol. in-8, mar. rouge jans. tr. dor. (*Chambolle.*)

505. Dodécaton ou le livre des Douze. *Paris, V. Magen*, 1837. 2 vol. in-8, demi-rel. mar. brun, dos orné, non rogné.

<small>Cet ouvrage, devenu peu commun, contient des romans inédits de Mérimée, Alfred de Musset, etc. Les *Ames du Purgatoire* sont un des plus jolis contes de Mérimée.</small>

506. GEORGE SAND. Mauprat. *Paris, Félix Bonnaire*, 1837. 2 vol. in-8, demi-rel. mar. or. avec coins, tr. dor.

<small>Bel exemplaire de l'ÉDITION ORIGINALE. Portrait ajouté.</small>

507. George Sand. Valentine. *Paris, Bonnaire*, 1838. 2 vol. in-8, demi-rel. mar. bl. tr. sup. dor. non rogné.

<small>Bel exemplaire.</small>

508. Petrus Borel (le Lycanthrope). Madame Putiphar. *Paris, Ollivier*, 1839. 2 vol. in-8, vign. grav. demi-rel. maroq. rouge, dos orné. (*Allô.*)

<small>ÉDITION ORIGINALE. Exemplaire *non rogné*. Cachet enlevé sur les titres. Le faux-titre du tome Ier est plus court.</small>

509. Marianna, par M. Jules Sandeau. *Paris, Werdet*, 1839. 2 vol. in-8, mar. vert foncé, dos orné, fil. dent. int. dor. (*Chambolle-Duru.*)

<small>PREMIÈRE ÉDITION.</small>

510. Madeleine, par Jules Sandeau. *Paris, Mich. Lévy fr.*, 1847. In-8, mar. bleu, dos orné, fil. dent. int. tr. dor. (*Chambolle-Duru.*)

<small>PREMIÈRE ÉDITION.
Bel exemplaire relié sur brochure.</small>

511. Mademoiselle de la Seiglière, par Jules Sandeau. *Paris, Mich. Lévy fr.*, 1847. 2 vol. in-8, mar. rouge, dos orné, fil. dent. int. tr. dor. (*Chambolle-Duru.*)

<small>Première édition.
Bel exemplaire relié sur brochure.</small>

512. Scènes de la Bohème, par Henry Murger, avec un frontispice et douze gravures à l'eau-forte par Adolphe Bichard. *A Paris, imprimé pour les amis des livres* (*D. Jouaust*), 1879. In-8, papier de Hollande, portraits et figures, br.

<small>Tiré à 118 exemplaires. Les Épreuves sont avec et *avant la lettre,* sur japon.</small>

513. Madame Bovary, mœurs de province, par Gustave Flaubert. *Paris, Michel Lévy*, 1857. 2 vol. gr. in-12, mar. bleu, dos orné, tr. dor. (*Chambolle.*)

<small>Édition originale, à laquelle on a ajouté les 6 figures et le titre-frontispice de Boilvin.</small>

514. Feydeau. Fanny, étude. *Paris, Amyot,* 1858. Gr. in-8, mar. r. fil. dos orné, tr. dor. (*Lortic.*)

<small>Très-bel exemplaire sur papier de Hollande.</small>

515. Elle et Lui, par G. Sand. *Paris, Hachette,* 1859. — Lui et Elle, par P. Musset. *Paris, Charpentier,* 1860. — Lui, par L. Collet. *Paris, Ch. Lévy,* 1864. — Eux et Elles, par de Lescure. *Paris, P. Malassis,* 1860. — Eux, drame contemporain. *Caen,* 1860. 5 vol. in-12, demi-rel. mar. bleu, dos orné, non rogn. (*Pagnant.*)

516. Delvau. Les Heures parisiennes. *Paris,* 1866. In-12, 25 eaux-fortes, demi-rel. mar. vert. tr. sup. dor. n. rogn.

<small>Exemplaire sur papier de Hollande : Premières épreuves.</small>

XI. ROMANS ÉTRANGERS.

517. Les Contes de Pogge avec des réflexions. *Amsterdam, Bernard,* 1712. In-12, mar. bleu, fil. dos orné, tr. dor. (*Masson-Debonnelle.*)

518. BOCCACE. Le Décaméron. *Londres,* 1757. 5 vol. in-8, 5 frontispices, 1 portrait, 110 figures et 97 culs-de-lampe, par Gravelot, Boucher et Eisen, mar. rouge, dos orné, 3 filets, milieux à petits fers, tr. dor. (*Thibaron.*)

<small>Belles épreuves.</small>

519. BOCCACE. Les Dix Journées de Jean Boccace, traduction de Le Maçon, *Paris, librairie des Bibliophiles*, 1873. 4 vol. in-8, demi-rel. maroq. la Vallière, dos orné, tr. sup. dor. n. rogn. (*David.*)

<small>Exemplaire en grand papier de Hollande. Eaux-fortes de Flameng, avec et *avant la lettre*.</small>

520. Erasto, e i suoi compassionevoli avvenimenti che gli successero; opera di greco tradotta in volgare. *Vinegia, Giolito*, 1576. In-12, v. f. fil. tr. dor.

<small>Jolie édition en caractères italiques.</small>

521. CERVANTÈS. Histoire de l'admirable Don Quichotte de la Manche. *Amsterdam, Mortier*, 1696. 5 vol. pet. in-12, frontispices et figures, mar. rouge, fil. dos orné, tr. dor. (*Lortic.*)

<small>Jolie édition ornée de 5 frontispices et de 33 gravures.</small>

522. CERVANTÈS. Le Don Quichotte, traduit de l'espagnol par Dubourniel. *Paris, Méquignon*, 1822. 4 vol. in-8, 1 carte et 12 figures, mar. bleu, coins et dos ornés, tr. dor. (*Chambolle.*)

<small>Superbe exemplaire. Les figures de l'édition, par H. Vernet et Lami, sont *avant toute lettre* et avec les EAUX-FORTES.
On a ajouté les figures de Lefebvre *avant la lettre*, les figures de Folkéma, de Westall sur chine, de Devéria sur chine, *avant la lettre* et EAUX-FORTES; de Smirke, sur chine, avec les fleurons tirés à part *sur chine*. En tout, plus de 200 pièces.</small>

523. CERVANTÈS. Les Principales Aventures de l'admirable Don Quichotte, représentées en figures par Coypel, Picart le Romain, etc....., avec l'explication des planches. *La Haye, de Hondt*, 1746. In-4, fleuron sur le titre et 1 vign. grav. par Schley, 31 fig. de Boucher, Cochin, etc..., mar. rouge, dos orné. (*Cuzin.*)

<small>Belles épreuves.</small>

524. Hurtado de Mendoza. Aventures et espiègleries de Lazarille de Tormes. *Paris, Didot*, 1801. 2 vol. in-8, 40 fig. de Ransonnette, demi-rel.

<small>Figures *avant la lettre*.</small>

525. Les Sept Visions de san Francisco de Quevedo Villegas, traduites de l'espagnol par de la Genest. *Paris, Clément Malassis*, 1667. In-12, mar. bleu, fil. dos orné, tr. dor. (*Lortic.*)

<small>Jolie édition. Exemplaire grand de marges.</small>

526. La Vie et les Avantures surprenantes de Robinson Crusoë, le tout écrit par lui-même, traduit de l'anglois (de Dan. de Foé). *Amsterdam*, 1720. 3 vol. in-12, mar. bleu, dos orné, tr. dor. (*Hardy*.)

<small>Première traduction française. Elle est ornée de 19 planches de Bernard Picart et d'une carte géographique.</small>

527. Swift. Voyage de Gulliver. *A Paris, chez G. Martin*, 1727. 2 tomes en un vol. in-12, 2 gravures. — Le Nouveau Gulliver, ou voyage de Jean Gulliver, par M. L. D. F. *Paris*, 1730. 2 tomes en un vol.; 2 vol. in-12, mar. rouge, filets, dos orné, tr. dor. (*Thibaron*.)

<small>ÉDITION ORIGINALE de la traduction française de Desfontaines.</small>

528. Swift. Voyage de Gulliver. *Paris, Leclerc*, 1860. 2 vol. in-12, maroq. rouge, filets, dos orné, tr. dor. (*Capé*.)

<small>Bel exemplaire en grand papier auquel on a ajouté le frontispice et les figures de Lefèvre *avant la lettre*.</small>

529. FIELDING. Tom Jones, ou Histoire d'un enfant trouvé. *Paris, Didot*, 1833. 4 vol. grand in-8, mar. orange, dos orné, filets, tr. dor. (*David*.)

<small>Superbe exemplaire en grand papier vélin. Les figures de Moreau sont en 4 états, avec la lettre sur chine, *avant la lettre* sur blanc et sur chine, et les EAUX-FORTES.
Trois *eaux-fortes* sont en double avec des différences.
On a joint la suite de Gravelot (remontée), celle de Tony Johannot sur chine, et celle de Borel *avant la lettre*.</small>

530. Les Mille et une Nuits, contes arabes, traduits en français par Galland. *Paris, Galliot*, 1822. 6 vol. in-8, grand papier, maroq. bleu, filets, dos orné. (*Chambolle*.)

<small>Figures de Westall sur chine *avant la lettre*. On a joint à cet exemplaire les figures de Chasselat sur chine *avant la lettre*, de Smirke, sur chine, celles de Gavarni et Wattier. En tout 102 pièces.</small>

XII. ÉPISTOLAIRES, DIALOGUES.

531. Balzac (de). Lettres choisies. *Suivant la copie de Paris. Amsterdam, chez les Elzevier*, 1656. In-12, maroq. rouge, janséniste. (*Trautz-Bauzonnet*.)

<small>Exemplaire non rogné.</small>

532. Voiture. Lettres. *Amsterdam, de Raveystein*, 1657-59.

2 vol. pet. in-12, frontispice, titres et 1 portr. grav. maroq. brun, dor. surles plats, tr. dor. (*Belz-Niedrée.*)

<small>Cette édition s'annexe à la collection des Elzevier (130 mill.).</small>

533. Lettres de Mme Rabutin-Chantal, marquise de Sévigné, à Mme la comtesse de Grignan, sa fille. *S. l.*, 1726. 2 tomes (de 271 pag. l'un et 220 l'autre), en un seul vol. in-12, maroq. rouge janséniste, tr. dor. (*Chambolle.*)

<small>Cette édition contient 134 lettres; elle est ornée d'un beau portrait de Mme de Sévigné. Elle est précédée d'une préface du comte de Bussy-Rabutin et d'une lettre de Mme de Simiane.</small>

534. Lettres de Mme Rabutin-Chantal, marquise de Sévigné, à Mme de Grignan, sa fille. *La Haye, chez Gosse, Neaulme*, 1726. 2 vol., 2 port. 1 fleuron sur le titre, mar. vert, filets, dos orné. (*Hardy.*)

<small>Cette édition contient 43 lettres de plus que celles imprimées en France sous la même date.</small>

535. Sévigné. Recueil des lettres de Mme la marquise de Sévigné à Mme la comtesse de Grignan, sa fille. *Paris, chez M. Simart*, 1734. 4 vol. in-12, 1 portrait en tête du 1er vol. — Recueil des lettres. *Paris, chez Rollin fils,* 1737. 2 vol. in-12, portrait de Mme de Grignan. — Lettres nouvelles de la marquise de Sévigné et de la marquise de Simiane. *Paris, Lacombe,* 1773. In-12; ensemble 7 vol. maroq. rouge, janséniste, tr. dor. (*Thibaron.*)

<small>Célèbre édition publiée par le chevalier Perrin. Les 6 premiers vol. contiennent 614 lettres.</small>

536. Sévigné (Mme de). Lettres de Mme de S... à M. de Pomponne. *Amsterdam,* 1756. In-12, de 73 pages, 4 portraits ajoutés, mar. la Vallière avec ornements aux coins, tr. dor. (*Masson-Debonnelle.*)

<small>Ces lettres ont rapport au procès de Fouquet.</small>

537. SÉVIGNÉ. Lettres de Marie de Rabutin-Chantal, Mme de Sévigné, à sa famille et à ses amis, édition revue et corrigée par M. de Sacy. *Paris, Techener,* 1861. 11 vol. in-12, mar. la Vall. filets, dos orné, tr. dor. (*Hardy.*)

<small>Exemplaire en grand papier de Hollande orné de 254 DESSINS coloriés de Baudet-Bauderval, de 314 portraits ou vues, en tout 568 pièces.</small>

538. Sévigné. Lettres recueillies et annotées par M. Monmerqué, nouvelle édition. *Paris, Hachette,* 1862. 14 vol. et album. — Lettres inédites. *Paris, Hachette,* 1876. 2 vol.

Ensemble 17 vol. in-8, demi-rel. mar. bl. avec coins, tr. sup. dor. non rogné. (*Pagnant.*)

539. Sévigné. Lettres choisies, avec une notice par **Poujoulat**. *Tours, Mame*, 1871. Grand in-8, mar. la Vallière, filets à la Du Seuil, doublé de maroq. vert, avec dentelle, tr. dor. (*Chambolle.*)

> Exemplaire *sur chine*. Eaux-fortes de Foulquier. Trois DESSINS de Baudet-Bauderval ajoutés.

540. La Ruelle mal assortie, ou Entretiens amoureux d'une dame éloquente, avec un cavalier garçon, plus beau de corps que d'esprit, et qui a autant d'ignorance comme elle de savoir, par Marguerite de Valois. *A Paris, chez A. Aubry*, 1855. Petit in-8, mar. la Vall. filets, dos orné, tr. dor. (*Duru.*)

> Exemplaire sur PEAU VÉLIN.

XIII. FACÉTIES, SATIRES.

541. Recueil de facéties, réimprimé par les soins de Caron et Montaran. *S. l.* (1798-1806). 4 volumes pet. in-8, mar. bleu, fleurons sur les plats, dos orné, tr. dor. (*Thibaron.*)

> Cette collection, parfaitement décrite dans le *Manuel*, comprend 11 parties pour la collection Caron et 17 pièces pour la collection Montaran. Le C*** consolateur, le Noraconiana et l'Avis aux amateurs de livres ne sont pas ajoutés à la première partie.

542. LES JOYEUSETEZ, facéties et folâtres imaginations de Caresme prenant, Gauthier Garguille, Guillot-Gorju, etc..... *Paris, Techener*, 1829. 20 vol. in-16, pap. de Holl. maroq. orang. fil. dos orné, tr. dor. (*Hardy.*)

> Réimpressions faites à 76 exemplaires.

543. Collection de pièces facétieuses du commencement du XVIe siècle. *Paris, s. d.*, 10 pièces en 10 vol. in-12, gr. sur bois, demi-rel. cuir de Russie. (*Closs.*)

> Exemplaire unique sur PEAU VÉLIN.
> Cette collection se compose de : 1° Sermon pour l'entrée de table. — 2° Le Banquet des chambrières. — 3° Apologie des chambrières. — 4° Testament de Tastevin. — 5° Les Dits des bêtes. — 6° L'Heur d'une chambrière. — 7° Sermon de la patience des femmes obstinées. — 8° Sermon de saint Ongnon. — 9° Sermon de saint Raisin. — 10° Moralité d'une pauvre fille, laquelle aima mieux avoir la tête coupée par son père...

544. Recueil de pièces facétieuses. In-12, demi-rel. mar. rouge, dos orné. (*Capé.*)

Réimpression du xviiie siècle, contenant :
1° La Vie de Caresme prenant.
2° Traité de mariage.
3° La Copie d'un bail fait par une jeune dame.
4° La Raison pourquoy femmes ne portent barbe au menton.
5° La Source du gros fessier des nourrices.
6° La Source et origine des C*** sauvages.
7° La Grande Pronostication...
8° Sermon joyeux d'un dépuceleur de nourrices.
9° Le Dit des pays joyeux.
Ces pièces n'ont été tirées qu'à 30 exemplaires.

545. **VEINANT**. Copies fac-similés *gothiques* faites par cet habile et patient bibliophile, de facéties ou pièces les plus rares du xvie siècle, en vers et en prose, sur papier spécial. 29 vol. in-4, in-8, et in-12, reliés en maroquin de diverses couleurs, par *Trautz-Bauzonnet, Chambolle, Duru* et *Hardy*.

Cette collection ne sera pas divisée.

1. *Deduits.* — Deduit du chien et des oiseaux, et aussi la sentence du comte de Tancarville sur le fait d'icelluy, in-8, gothique, 20 f[os], 1 vignette sur le titre et au verso, et la marque du libraire à la dernière page, mar. vert janséniste, tr. dor. (*Chambolle.*)

2. *Demondes joyeuses.* — Recueil de demandes, réponses facétieuses, in-12 gothique, 6 f[os], marque de Robinet Macé, sur le titre, vignette au dernier f°, mar. bleu janséniste, tr. dor. (*Duru-Chambolle.*)

3. *Dicts.* — Les Dicts des Bêtes et aussi des Oyseaux, in-12 gothique de 12 folios (recueil de quatrains, au-dessus desquels une figure représentant l'animal ou l'oiseau qui parle), 48 vignettes. — S'ensuivent *les Dicts des Oiseaux*, recueil de quatrains de 10 folios avec 2 vignettes, 2 pièces en 1 vol. maroq. bleu janséniste, tr. dor. (*Duru-Chambolle.*)

4. *Les Dicts des sages*, in-12 gothique, 8 folios, 2 grav. représentant les 3 sages et 38 distiques en vers, mar. rouge jansén. tr. dor. (*Duru-Chambolle.*)

5. Dit du Roy Philippe qui fut comte de Valois, imitation de manuscrit, in-8 de 8 folios, mar. bleu, dos orné, tr. dor. (*Hardy.*)

6. *Facéties.* — Les Dicts de Salomon, 4 folios, 1 vignette. — Pronostications joyeuses. — Testament de Tastevin, roi des Pions, 4 folios, 1 fig. à la fin. — Maistre Aliboron, 4 folios, 2 figures. — La Merveilleuse Prinse des Bretons, 4 folios, 1 vignette. — Dialogue du Mondain et du Célestin, 4 folios. — Le Mariage des quatre fils Hemon, 6 folios, 1 vignette. — Ensemble 7 pièces en vers et prose, reliées en 1 volume mar. vert, filets, dos orné, tr. dor. (*Trautz-Bauzonnet.*)

7. *Femmes* (pièces pour ou contre les femmes). — Monologue fort joyeux auquel sont introduycts deux advocats et un juge, devant lequel est plaidé le bien et le mal des dames. *Imprimé nouvellement à Paris*, in-12 de 8 folios, 1 vignette et 2 gravures. — La Loyauté des femmes avec une recepte pour guérir les yvrongnes, 4 folios. — La Malice des femmes, 8 folios, 1 vignette sur le titre. — La Fontaine d'amour et la description nouvellement imprimée, 4 fol. 2 grav. — Le Dict des pays ioyeulx avec les condicions des femmes et plusieurs autres belles balades, 2 fi-

gures. — 5 pièces en 1 vol. in-12, mar. rouge, filets, dos orné. (*Trautz-Bauzonnet.*)

8. Les Faintises du monde (le monde n'est pas tel qu'il semble), in-12 gothique de 16 folios avec 1 vignette en tête et à la fin, mar. bleu, janséniste, tr. dor. (*Duru.*)

9. *Guido.* — Le Guido et gouvernement du monde, utile et nécessaire à tous ceux de quelque estat qu'ils soient et avec un petit enseignement pour soy oster de péché, selon maître Jehan Gerson, recueil de proverbes ou dictons par lettres alphabétiques, in-12 gothique de 20 fol. mar. rouge, janséniste, tr. dor. (*Duru.*)

10. *Lavandières et Chambrières.* — Quaquet des lavandières à l'encontre des chambrières avec leur débat causé par le crocheteur leur macquereau, 8 fol. 2 vign. — Le Caquet des bonnes chambrières déclarant avec une finesse dont elles usent envers leurs maitres et maitresses, 8 fol. 3 vign. — Apologie des chambrières qui ont perdu leur mariage à la blancque, 4 folios, 1 vignette. — Le Banquet des chambrières, fait aux étuues (1541), 8 fol. 3 vign. — L'Heur et guain d'une chambrière qui a mis à la blancque pour s'y marier, 4 fol. 1 vignette. — Monologue de la chambrière dépourvue du mal d'amour, 4 fol. 1 vignette. mar. rouge, filets, dos orné, tr. dor. (*Trautz-Bauzonnet.*)

11. *Livre.* Le Livre du faucon des dames, in-12 gothique de 24 folios, 1 fig. sur le titre, maroq. vert, filets, dos orné, tr. dor. (*Trautz-Bauzonnet.*)

12. Le Livre de la chace dou cerf, pet. in-8 gothique de 9 folios, 26 vers à la page, 1 front. avec vignette représentant un cerf poursuivi par un chasseur à cheval et son chien, mar. rouge, filets, dos orné. (*Hardy.*)

13. *Mandement.* Sensuyt le mandement des gens d'armes françois aux Espagnols, in-12 gothique, 3 fol. (épitre ou chanson patriotique). — La Piteuse Désolation du monastère des Cordeliers de Meaulx mis à feu et brûlé, 4 folios. — 2 pièces en vers en 1 vol. in-12, mar. brun janséniste, tr. dor. (*Duru.*)

14. *Marchands.* Les 7 marchands de Naples, c'est assavoir : Ladventurier, le religieux, lescolier, laveugle, le vilageois, le marchand et le bragar, in-12 gothique de 8 fol. 1 fig. sur le titre et au dernier feuillet (facétie en vers de 1520 à 1530), mar. bleu, janséniste, tr. dor. (*Duru.*)

15. — *Mariage* (Pour ou contre). Sermon nouveau et fort joyeux auquel est contenu tous les maux que l'homme a en mariage, 8 fol. 3 vign. — Cy ensuivent en bref langage les ténèbres de mariage lesquelles furent sans mentir composées par un vrai martir lequel fut 10 ans en servage, 8 fol. 2 vign. — La Complainte de trop tost marié, 4 fol. 2 vignettes. — La Complainte de trop tard marié, 8 fol. 2 vignettes. — Les Secrets et Loix de mariage, composez par le secrétaire des dames, 21 fol. 2 vignettes. — Cinq pièces en vers reliées en 1 vol. in-12, mar. rouge, filets, dos orné. (*Trautz-Bauzonnet.*)

16. *Miracles.* Le Miracle de Notre-Dame, coment elle délivra une abbesse qui était grosse de son clerc, à VIII personnages, 24 fol. 1 vignette sur le titre et la marque du libraire *in fine*, in-12, mar. bleu, filets, dos orné, tr. dor. (*Trautz-Bauzonnet.*)

17. Miracle (de Nostre-Dame) d'un enfant qui fut donné au Dyable quant il fut engendré, et est à 18 personnages, dont les noms s'ensuivent ci-après. On les vend à Paris dans la rue Neufve Nostre-Dame a lescu de France par Alain Lotrian, 1 figure sur le titre représentant N.-Dame qui tient un enfant sur ses genoux et la marque du libraire à la fin, in-12 de 34 folios, mar. rouge, filets, dos orné, tr. dor. (*Trautz-Bauzonnet.*)

18. Miracle de Nostre-Dame, comment la femme du roi de Portugal tua le sénéchal du Roy et sa propre cousine (fac-similé d'un manuscrit unique avec une notice explicative), in-8 de 28 fol. maroq. vert, filets, dos orné. (*Trautz-Bauzonnet.*)

19. Ci commence un miracle de Notre-Dame, comment elle garantit de mort un marchand qui lonctemps l'avoit servie, d'un larron qui l'espioit (fac-similé de manuscrit), in-8 de 18 folios avec vignettes, maroq. vert, filets, dos orné, tr. dor. (*Hardy.*)

20. *Monologues.* — Monologue seul du pèlerin composé par maistre Pierre Taserye, 6 folios et 2 vignettes. — Monologue nouveau et fort recreatif de la fille Bastelière, 5 folios, 2 vignettes. — Monologue de Mémoire tenant en sa main un monde, 3 fol. 2 vignettes. — Dialogue de Placebo pour un homme seul, 3 fol. 2 vignettes. — 4 pièces en 1 vol. in-12, maroquin rouge janséniste, tr. dor. (*Duru.*)

21. *Moralités.* — Le Doctrinal des nouveaux mariez, imprimé nouvellement, 6 fol. 1 vignette. — Le Doctrinal des femmes mariées, Jehan Petit, 4 folios, la marque du libraire sur le titre. — La Doctrine du père au fils, 4 folios, 1 vignette. — La Contenance de la table, nouvellement imprimée à Paris, 3 folios, 1 vignette. — Les Ditz des sages, 4 folios, 1 vignette. — Chanson piteuse, composée par frère Olivier Maillard en pleine prédication, 3 fol., vignette et figure. — Le Débat de la vigne et du laboureur, 4 folios. — La Complainte du commun à l'encontre des usuriers, boulangers et taverniers, 4 fol. — 7 pièces en vers, maroq. rouge en vers, dos orné. (*Trautz-Bauzonnet.*)

22. Nativité de Notre-Seigneur J.-C. par personnages avec la digne accouchée, 1 vol. in-12 gothique de 24 fol. 1 vignette sur le titre, mar. bleu, dos orné, filets, tr. dor. (*Trautz-Bauzonnet.*)

23. *Passe-Temps.* — Le Passe-Temps Michault, nouvellement imprimé, petit in-12 de 12 folios, 1 vignette sur le titre (poésies morales composées vers 1530), maroq. rouge, janséniste, tr. dor. (*Duru.*)

24. Poésies de Dadonville ou Daudouville. — Les Regrets et Peines des mal advisés, 20 fol. Une vignette sur le titre et à la fin. — Les Trompeurs trompez par trompeurs, 4 fol. vers de 8 syllabes. — Les Aproches sont du bon temps dont usuriers sont mal contents, 4 fol. une vignette sur le titre. — La Défaite des faulz monnoyeurs, 4 fol. 2 vignettes. — Les Moyens d'éuiter merancolie, 20 folios. 4 vignettes. — 5 pièces en 1 vol. in-12, mar. vert, jans. tr. dor. (*Closs.*)

25. Le Purgatoire de Saint-Patrice. S. l. n. d., in-12, texte gothique, de 16 folios, vignettes, mar. vert, dorures sur les plats, dos orné, tr. dor. (*Bauzonnet.*)

26. *Sermons.* — Sensuyt un Sermon fort joyeulx pour lentrée de table, 4 folios, 4 gravures. — Le Dévot et sainct Sermon de Mgr sainct Jambon et Mme saincte Andoulle. 7 fol., 1 vignette. — Sensuyt le Sermon d'un cartier de mouton, 8 fol. 2 vignettes. — Sermon ioyeulx de M. Sainct-Herem, 5 fol. 2 vign. — Sermon ioyeulx de la vie de sainct Ongnon, 4 fol. 3 vignettes. — Sensuyt le Sermon fort ioyeulx de sainct Raisin, 4 fol. 2 vignettes. — Sermon ioyeulx de M. sainct Velu, 4 fol. 1 vignette. — Sensuyt le Sermon sainct Billouart, 4 fol. 2 vign. — Sermon ioyeulx de la pacience des Femmes, 4 fol. 1 vign. — Sermon ioyeulx de la Fille égarée, 4 fol. vignette. — Sermon ioyeulx des 4 vents, 8 fol. vignette. — Ensemble 11 pièces, ou 1 vol. in-12 mar. r. dos orné, fil. tr. dor. (*Trautz-Bauzonnet.*)

27. Ténèbres du Champ Gaillard. S. l. n. d., in-12, maroq. vert, reliure jansén. (*Chambolle-Duru.*)

28. Le Testament de Lucifer, composé par P. Gringore, dit Mère Sotte, in-12, de 6 folios, vignettes sur le titre, maroq. rouge, reliure jansén. tr. dor. (*Duru.*)

29. Trésor de la Vaenerie (poème de 1,948 vers, composé par Hardouin, seigneur de Fontaine-Garin), in-8, 67 folios, 21 vignettes, fig. maroq. roug. fil. dos orné, tr. dor. (*Bauzonnet.*)

546. Les Quinze Joyes de mariage, ouvrage très-ancien,

auquel on a joint le Blason des fausses amours, le Loyer des fausses amours (attribué à Guillaume Cretin), et le Triomphe des Muses contre l'Amour. Le tout enrichi de remarques et de diverses leçons (par J. Le Duchat). *La Haye, de Rogissart,* 1726. In-12, maroq. bleu, dos orné, tr. dor. (*Petit.*)

547. Baliverneries ou Contes nouveaux d'Eutrapel, autrement dit Léon Ladulfi. *Paris, Groulleau,* 1548. In-16, mar. r. à comp. dorés, tr. dor.

<small>Réimpression faite à Chiswick en 1815.</small>

548. Mitistoire barragouyne de Fanfreluche et Gaudichon, trouvée depuis naguère d'une exemplaire escrite à la main, à la valeur de 10 atomes pour la récréation de tous bons fanfreluchistes. *Lyon, par Jean Dieppe,* 1574. In-12, mar. rouge, janséniste, tr. dor. (*Hardy.*)

<small>Réimpression d'une facétie de 1574, par G. des Autels. Exemplaire sur *papier de chine.*</small>

549. Œuvres complètes de Tabarin avec les rencontres fantaisistes et coq à l'âne facétieux du baron de Grattelard, le tout précédé d'une introduction et d'une bibliographie tabarinique, par G. Aventin (Veinant). *Paris, Jannet,* 1858. 2 vol. in-12, papier de Hollande, mar. rouge, janséniste, tr. dor. (*Allô.*)

550. LE FACETIEUX REVEILLE-MATIN des esprits mélancoliques, ou le Remède préservatif contre les tristes. *Paris, Claude Barbin, au Signe de la Croix,* 1668. In-12, maroq. bleu, filets, dos orné, tr. dor. (*Bauzonnet-Trautz.*)

<small>Bel exemplaire, grand de marges (134 mill.).</small>

551. Bruscambille. Ses Fantaisies, contenant plusieurs discours, paradoxes, harangues et prologues facétieux. *Paris, Florentin Lambert,* 1668. Pet. in-12, maroq. roug. fil. dos orné. (*Reliure ancienne.*)

552. Bruscambille. Ses Pensées facétieuses et bons mots. *Cologne, Savoret,* 1709. In-12, frontisp. grav. maroq. roug. fil. dos orné. (*David.*)

<small>Cette édition renferme de plus que les précédentes : *Sentiments de Bruscambille sur les caractères et mœurs des femmes.*</small>

553. Formulaire fort récréatif de tous contrats, donations, testaments, codicilles et autres actes qui sont faits et pas-

sez par devant notaires et tesmoins, fait par Bredin le cocu, notaire royal et contreroolleur des basses marches du royaume d'Utopie ; par lui, depuis naguères, reveu et accompagné, pour l'édification de deux bons compagnons, d'un Dialogue par lui tiré des Œuvres du philosophe et poëte grec Simonides, de l'origine et naturel *fœminini generis*. A *Lyon, pour François la Boutière,* 1627. In-16 de 284 pages, maroq. rouge, dos orné de 3 filets. (*Trautz-Bauzonnet.*)

<small>Rare et recherché. Exemplaire de Veinant et de M. Bordes.</small>

554. Les Caquets de l'accouchée, édition annotée par Fournier. *Paris, Jannet,* 1855. In-12, maroq. bleu, fil. dos orné, tr. dor. (*Petit-Simier.*)

<small>Exemplaire sur *papier de Chine.*</small>

555. Les Privilèges du cocuage, dialogue ; ouvrage utile tant aux cornards actuels qu'aux cocus en herbe. *Cologne,* 1708. In-12, maroq. orange, fil. dos orné. (*Bedford.*)

<small>Exemplaire *non rogné.*</small>

556. Sermon pour la consolation des c***, suivi de plusieurs autres. *Amboise, chez Jean Coucou, à la Corne de Cerf,* 1751. In-12, mar. citron, janséniste, tr. dor. (*Chambolle.*)

557. Mémoires de l'Académie des sciences, inscriptions, belles-lettres, beaux-arts, etc., nouvellement établie à Troyes en Champagne (par P.-J. Grosley, André Lefèvre, David, etc.). *Troyes, et se trouve à Paris, chez Duchesne,* 1756. 2 tomes en 1 vol. pet. in-8, front. gravé, v. f. fil. tr. dor.

---

558. Menckenius de Charlataneria eruditorum declamationes duæ, cum notis variorum. *Amstelodami,* 1716. In-12, avec frontispice. — Dans le même volume : Chef-d'œuvre d'un inconnu, par le docteur Matanasius. *La Haye,* 1714. In-12, orné d'un portrait. 2 tomes en 1 vol. mar. rouge, janséniste, avec le nom de Bachaumont en lettres d'or sur le plat, tr. dor. (*Reliure ancienne.*)

559. Plan et dessein du poëme allégorique et tragico-burlesque, intitulé les Couches de l'Académie, par mess. Antoine Furetière, abbé de Chalivoy, de l'Académie fran-

çoise. *A Amsterdam, chez Pierre Brunel dans le Pieter Jacob Straat*, 1687. In-12 de 60 pages, maroq. vert, mosaïques sur le plat, dos orné, tr. dor. (*Bauzonnet.*)

Bel exemplaire de Nodier.

560. Le Cochon mitré, dialogue. *S. l.*, 1689. In-12 de 28 pages, figure, maroq. citron, dorures sur les plats, dos orné, tr. dor. (*Thibaron.*)

Édition originale de ce pamphlet célèbre.

561. Les Soupers de Daphné et les dortoirs de Lacédémone, anecdotes grecques ou fragments historiques publiés et traduits sur la version arabe. *Oxford*, 1740. Pet. in-8 de 96 pages, avec la clef. mar. bleu, filets, dos orné, tr. dor. (*Chambolle.*)

Satire contre les soupers de Marly, donnés par Samuel Bernard.

XIV. OUVRAGES SUR LES FEMMES ET LE MARIAGE.

562. Les Sagettes et ruses d'amour. *Paris, chez A. Dubreuil*, 1599. In-12, mar. rouge, fil. tr. dor. (*Reliure ancienne.*)

Rare. Qq. mouillures.

563. Discours facétieux des hommes qui font saller leurs femmes à cause qu'elles sont trop douces, lequel se joue à 5 personnages. *A Rouen, chez A. Couturier, libraire, tenant sa boutique près la grand'porte du palais au Sacrifice d'Abraham.* Petit in-8 de 10 ff. mar. rouge, doublé de maroquin vert, dos orné, compart. dorés sur le plat, riche reliure. (*Kœhler.*)

Réimpression faite par M. Veinant. Exemplaire sur peau vélin.

564. L'Enfer de la mère Cardine, traitant de la cruelle et terrible bataille qui fut aux enfers entre les diables et les maquerelles de Paris. *S. d.*, 1597. In-8, demi-rel. mar. v. tr. sup. dor. n. rog. (*Pagnant.*)

Réimpression.

565. La Déroute et l'Adieu des filles de joie de la ville et faubourgs de Paris, avec leur nom, leur nombre, etc. Requeste à M. D. L. V. (M{le} de la Vallière). *Jouxte la*

copie, à Paris, 1667. Petit in-12 de 49 pages, maroq. citron, dos orné, filets, tr. dor. (*Thibaron.*)

<small>Brunet donne 33 pages à cet opuscule. En effet, après le feuillet blanc qui termine, il y a dans cet exemplaire une suite cotée 37 à 49, composée de *le Libertin,* jusqu'au folio 44, et *la Tribade,* pièce finale. Cet exemplaire est réglé, et avec témoins (125 mill.).</small>

566. DE L'HEUR ET MALHEUR DE MARIAGE, ensemble les lois connubiales de Plutarque, traduictes en françois par Jehan de Marconville, gentilhomme percheron. *Paris, chez Jehan Dallier, libraire, demeurant sur le pont Saint-Michel à l'enseigne de la Rose blanche,* 1564. Pet. in-8, mar. bleu, filets, dos orné. (*Thibaron.*)

<small>Exemplaire grand de marges.</small>

567. PHYSIOLOGIE DU MARIAGE et méditations de philosophie sur le bonheur et le malheur conjugal, publiées par un jeune célibataire (Honoré de Balzac). *Paris, Levavasseur,* 1830. 2 vol. in-8, mar. citron, filets, dos orné, tr. dor. (*Chambolle.*)

<small>Bel exemplaire de l'ÉDITION ORIGINALE.</small>

568. Le Rasibus, ou le Procès fait à la barbe des capucins, pièce satirique, par un moine défroqué. *Cologne, Garancière,* 1680. Pet. in-12, maroq. brun, dos orné. (*Capé.*)

<small>ÉDITION ORIGINALE.</small>

569. Le Putanisme, ou la Confrérie des putains de Rome assemblées en conclave pour l'élection d'un nouveau pape, avec un dialogue de Pasquin et Marforio sur le même sujet, satire comique de Balt. Sultanini, Bressan; traduit de l'italien. *Cologne,* 1670. Pet. in-12, maroq. rouge, reliure jansén. tr. dor.

XV. POLYGRAPHES ET COLLECTIONS.

570. Les Œuvres de M. de Balzac, première partie, dernière édition, revue, corrigée et augmentée de la moitié. *Paris, chez L. Fuchet,* 1628. In-12, mar. brun, jans. filets à froid. (*Cuyls.*)

571. ŒUVRES DE M. SCARRON, nouvelle édition, revue, corrigée et augmentée. *Amsterdam, Wetstein,* 1752. 7 vol. in-

12, 1 portrait de Scarron et 6 fig. de Dubourg, mar. vert, fil. dos orné, tr. dor. (*Chambolle.*)

<small>Relié sur brochure et rempli de témoins.</small>

572. LA FONTAINE. Œuvres complètes. *Paris, Crapelet,* 1814. 6 vol. in-8, mar. bleu, dorures sur les plats, dos orné, tr. dor. (*Thibaron.*)

<small>Texte et figures sur papier jonquille. Portrait avec la lettre grise et figures de Moreau *avant la lettre.*</small>

573. LA FONTAINE. Œuvres complètes. *Paris, Nepveu,* 1820. 18 vol. in-12, 120 fig. mar. brun, fil.

<small>Exemplaire en grand papier vélin, figures *avant la lettre.*</small>

574. ŒUVRES COMPLÈTES DE MONTESQUIEU, nouvelle édition. *Paris, Didot l'aîné,* 1795. 12 vol. petit in-12, mar. rouge, fil. tr. dor. (*Bozérian.*)

<small>Exemplaire en papier vélin.</small>

575. GESSNER. Œuvres de Salomon Gessner. *A Paris, chez Renouard,* 1795. 4 vol. in-8, mar. rouge, dos orné, encadrement avec mosaïque sur les plats, gardes en soie bleue, tr. dor. (*Bozérian.*)

<small>Très-bel exemplaire, en papier vélin. Figures de Moreau, *avant la lettre,* et EAUX-FORTES. Nombreuses pièces à divers états. Beaucoup de figures par Marillier, Borel et Eisen, *avant la lettre,* sont ajoutées. En tout 185 pièces.</small>

576. Maistre (de). Œuvres de Xavier de Maistre. *Paris, Dondey-Dupré.* 1825. 3 vol. in-12, mar. rouge, fil. dent. tr. dor.

<small>Jolie édition.</small>

577. RŒDERER. Opuscules littéraires. *Paris, vendémiaire an VIII, an X, an XII.* 3 vol. in-8, mar. rouge, fil. tr. dor.

<small>Ces opuscules n'ont été tirés qu'à 50 exemplaires.</small>

578. Lamartine. Œuvres. *Paris, Gosselin et Furne,* 1840. 10 vol. in-18, demi-rel. mar. rouge, avec coins, non rog. (*Simier.*)

579. Œuvres complètes d'Alfred de Musset. *Paris, Alph. Lemerre,* 1876. 10 vol. pet. in-12. — Biographie d'Alfred de Musset, par Paul de Musset. *Paris, Alfred Lemerre,* 1877, 1 vol. pet. in-12, ens. 11 vol. cart. percal. grise, non rog. (*Pierson.*)

<small>Exemplaire sur PAPIER DE CHINE, avec la suite des jolies figures gravées à l'eau-forte par H. Pille et Monziès, épreuves *sur chine avant la lettre.*</small>

580. MUSSET (Alfred de). Œuvres. *Paris, Charpentier,* 1867.

10 vol. in-16, mar. rouge, fil. dos orné, tr. dor. (*Lortic.*)
Exemplaire sur *papier de Chine*. Photographies d'après Bida.

581. COLLECTION des auteurs classiques françois et latins. *Paris, Didot,* 1784-89. 17 vol. in-8, mar. rouge, fil. dos orné, tr. dor. (*Capé.*)
Exemplaire en *papier vélin*. Collection dite du Dauphin.

582. COLLECTION de miracles, romans, chroniques fort rares, publiées d'après d'anciens manuscrits sous la direction de A. Veinant, F. Michel, Boisthibault, etc. *Paris, Silvestre, s. d., imprimée par Crapelet en caractères gothiques avec vignettes sur bois.* 24 vol. in-16, mar. brun, dos orné, demi-rel. (*Capé.*)
Exemplaire en papier de Hollande.

583. COLLECTION d'ouvrages français en vers et en prose, imprimée par ordre du comte d'Artois. *Paris, Didot,* 1780-84. 64 vol. in-18, mar. vert, fers à froid, dent. int. tr. dor. (*Derome.*)
Bel exemplaire en papier vélin et papier fin, avec les armes sur les titres de tous les volumes.

584. COLLECTION des meilleurs ouvrages de la langue française (dédiée aux dames curieuses de jolies éditions; un certain nombre de volumes portent une dédicace à la duchesse d'Angoulême). *Paris, Didot,* 1814 à 1829. 23 vol. in-16, demi-mar. bleu, avec coins, tr. sup. dor. non rog. (*Cuzin.*)
Exemplaire en papier vélin fort.

585. COLLECTION de petits classiques français, dédiée à Son Altesse Royale, Mme la duchesse de Berry, publiée par les soins de Ch. Nodier. *Paris, Delangle,* 1825-27. 10 vol. in-12, mar. bleu, dos orné.
Bel exemplaire, papier vergé.

586. BIBLIOTHÈQUE originale. *Paris, Pincebourde,* 1866-67. 8 vol. in-12, demi-rel. chagr. bl. non rog.
1° Correspondance de l'armée d'Égypte, par Larchey, 1 vol.
2° Histoire de Sr du Bucquoy, par Mme de Noyer, 1 vol.
3° La Mort d'Alexandre le Grand, par Littré, et la Mort de César, par N. de Damas, 1 vol.
4° Petrus Borel, par Claretie, 1 vol.
5° Les Mystifications de Caillot-Duval, par Larchey, 1 vol.
6° Béranger et son temps, par J. Janin, 2 vol.
7° Fréron, ou l'illustre critique, par Monselet, 1 vol.
Exemplaire sur *papier de Chine* avec plusieurs états des portraits, noirs et teintés.

HISTOIRE

I. VOYAGES.

587. VOYAGES en France, avec notes, par la Mésangère. *Paris, Chaigneau aîné, an IV.* 4 vol. in-12, nombr. fig. mar. bleu, rel. jans. tr. dor. (*Hardy.*)

> Très-bel exemplaire en papier vélin, avec les suites des gravures *avant la lettre* et les EAUX-FORTES.

588. STERNE. Voyage sentimental, traduction nouvelle, par P. Crassous. *Paris, Didot,* 1801. 3 vol. in-18, pap. vélin bleu, mar. jans. tr. dor. (*R. Petit.*)

589. Théophile Gautier. Tra los montes. *Paris, Magen,* 1843. 2 vol. in-8, mar. vert, fil. tr. dor. (*Chambolle.*)

> PREMIÈRE ÉDITION.
> Très-bel exemplaire avec témoins.

590. Zigzags, par Th. Gautier. *Paris, Magen,* 1845. In-8, demi-rel. mar. rouge, dos orné, tr. sup. dor. non rog. (*Petit-Simier.*)

> ÉDITION ORIGINALE.

591. Eugène Fromentin. Sahara et Sahel.—Un Été dans le Sahara.—Une Année dans le Sahel. *Paris, E. Plon,* 1879. 2 vol. in-4, fig. mar. bleu, dos orné, fil. tr. dor. (*Chambolle.*)

> Exemplaire en *papier de Hollande* avec les illustrations en 4 états différents, avec la lettre, *avant la lettre sur chine, avant la lettre sur chine volant,* et *avant la lettre au bistre.*

II. HISTOIRE UNIVERSELLE.

592. Bossuet. Discours sur l'histoire universelle, 1re partie : Depuis le commencement du monde jusqu'à l'empire de Charlemagne. *Paris, Cramoisy,* 1681. In-4, vign. et culs-de-lampe gravés, mar. brun, reliure jans. (*Thibaron.*)

> ÉDITION ORIGINALE.

593. Bossuet. Discours sur l'histoire universelle, avec préface par Poujoulat. *Tours, Mame,* 1870. Gr. in-8, mar. brun, doublé de mar. bleu, large dentelle intér. reliure jans. (*Chambolle.*)

Exemplaire sur *papier de Chine.* Eaux-fortes de Foulquier.

594. Montesquieu. De l'Esprit des lois, ou du rapport que les lois doivent avoir avec la constitution de chaque gouvernement, les mœurs, le climat. *Genève, chez Barillot et fils,* 2 vol. in-4, carte géographique, mar. brun, jans. tr. dor. (*Chambolle.*)

ÉDITION ORIGINALE.

595. Montesquieu. Considérations sur les causes de la grandeur des Romains et de leur décadence. *Amsterdam, chez J. Desbordes,* 1734. In-12, mar. bleu, jans. tr. dor. (*Cuzin.*)

ÉDITION ORIGINALE.

596. Herodiani historici græci libri octo, ab Aug. Politiano lat. redditi imperio post Marcum. *Parisiis, ex officina Simonis Colinæi,* 1539. Mar. brun, compart. dorés sur les plats, dos orné, tr. dor. (*Capé.*)

597. JOSEPH (Flavius). Antiquités judaïques, traduites par Arnaud d'Andilly. *Bruxelles, Fricx,* 1701. 3 vol. pet. in-8, 1 front. et nombreuses figures en taille-douce. — Histoire de la Guerre des Juifs contre les Romains, traduites par Arnaud d'Andilly. *Bruxelles, Fricx,* 1703. 2 vol. pet. in-8. — Ensemble 6 vol. mar. rouge, reliure janséniste, tr. dor. (*Capé.*)

Exemplaire en grand papier.

598. Lacroix (Paul). Les Arts au Moyen Age et à l'époque de la Renaissance. *Paris, Didot,* 1874. 19 chromo-lithographies et 400 gr. — Mœurs, Usages et Coutumes. *Paris,* 1874. 15 planches et 440 grav. — Vie militaire et religieuse. *Paris,* 1873. 14 planch. et 410 grav. — Sciences et Lettres, 1877. 13 pl. et 400 grav. — 4 vol. in-4, mar. rouge, filets à froid, tr. dor. (*Smeers.*)

Exemplaire en grand papier.

III. HISTOIRE DE FRANCE.

599. Mézeray. Abrégé chronologique de l'histoire de France, par le Sr de Mézeray, historiographe de France, divisé en 6 tomes. *Amsterdam, Wolfgang*, 1673. 6 vol. in-12, un frontispice et un portrait de chaque roi. — Histoire de France avant Clovis, l'origine des Français et leur établissement dans les Gaules. *Amsterdam*, 1688. In-12, avec frontisp. — 7 vol. mar. rouge, filets, dos orné. (*Belz-Niedrée.*)

<small>Exemplaire grand de marges (156 mill.).</small>

600. Abrégé des Trois États, du clergé, de la noblesse et du tiers état (par le Sr Denys Godefroy). *Paris, Séb. Cramoisy*, 1682. In-12, c. de R. tr. dor.

601. Rœderer. Mémoires pour servir à l'histoire de la société polie en France. *Paris, Didot*, 1835. In-8, v. fauve, dos orné, tr. dor.

<small>Rare.</small>

602. Bussy-Rabutin. Histoire amoureuse des Gaules. *A l'Hôpital des foux, chez l'auteur*, 1666. Pet. in-12, mar. rouge, fil. dos orné. (*Lortic.*)

<small>Jolie édition elzévirienne. Le dernier feuillet contient la clef. 132 mill.</small>

603. Bussy-Rabutin. Histoire amoureuse des Gaules. *S. l. n. d.* Pet. in-12, frontisp. gravé, mar. rouge, dentelle sur les plats, dos orné. (*Duru.*)

<small>Édition elzévirienne, 244 pages, suivies du cantique *Que Déodatus est heureux*, et 12 pages pour la *Copie de la lettre au duc de Saint-Aignan*. 128 mill.</small>

604. Bussy-Rabutin. Histoire amoureuse des Gaules. *Liège, s. d.* Pet. in-12, mar. bleu, fil. dos orné. (*Thibaron.*)

<small>Exemplaire non rogné.</small>

605. Les Galanteries des Rois de France. *Cologne, chez P. Marteau*. 2 vol. in-12, mar. la Vallière, filets, dos orné, tr. dor. (*Masson-Debonnelle.*)

<small>Exemplaire non rogné. Frontisp. Titre gravé et figures.</small>

606. Mémoires historiques et secrets, concernant les amours des rois de France, avec quelques autres pièces... (savoir:

HISTOIRE.

Réflexions historiques sur la mort de Henri le Grand ; le Mal de Naples ; Trésors des Rois de France : le tout publié par J.-B. de Boyer, marquis d'Argens). *Paris, vis-à-vis le Cheval de Bronze*, 1739. Pet. in-12, mar. bleu, filets, dos orné, tr. dor. (*Chambolle.*)

<small>La matière de ce livre est tirée en grande partie des : « Annales de Paris » de Sauval, 3 vol. in-fol.</small>

607. Bussy-Rabutin. Histoire amoureuse des Gaules. *S. l.*, 1754. 5 vol. in-12, mar. rouge, dent. sur les plats, dos orné.

<small>Exemplaire grand de marges, avec témoins.</small>

608. L'Histoire et Chronique du très-chrétien Roy saint Louis IX de nom, escrite par le sire de Jonville (*sic*)..., mise en lumière par Ant.-Pierre de Rieux. *Poitiers*, 1547. Pet. in-8, portr. de saint Louis par Boizot, vélin. (*Reliure entièrement fleurdelisée.*)

609. Joinville. Mémoires..... sur le règne de saint Louis. *Paris, Mauger*, 1666. In-12, mar. vert, rel. jans. tr. dor. (*Duru.*)

610. Chroniques françaises de Jacques Goudar, publiées par F. Michel, suivies de Recherches sur le style, par Ch. Nodier. *Paris, Janet, s. d.* In-12, mar. rouge, dos orné. tr. dor. (*Hardy.*)

<small>Exemplaire en grand papier vélin, les figures sont en double état, noires et *coloriées*.</small>

611. Les Mémoires de messire Philippe de Commines, S^r d'Argenton. Dernière édition. *A Leide, chez les Elzeviers*, 1648. Pet. in-12, mar. bleu, dos orné, dentelle à la fanfare, armes et fleurs de lis sur le plat, tr. dor. (*Capé.*)

<small>Bel exemplaire (130 mill.).</small>

612. Les Mémoires de messire Martin du Bellay, seigneur de Langey, contenant le discours de plusieurs choses avenues au royaume de France depuis l'an 1503 jusqu'au trépas du roy François Ier. *Paris, chez Pierre l'Huillier, à l'enseigne de l'Olivier*, 1573. Pet. in-8, mar. la Vall. dos orné, dorures sur les plats, tr. dor. (*Claessens.*)

613. Commentaires de messire Blaise de Montluc, mareschal de France, où sont descrits les combats, rencontres, etc.,

èsquels ce grand et renommé guerrier s'est trouvé durant 50 et 60 ans qu'il a porté les armes (1521-1572). Ensemble diverses Instructions qui ne doivent être ignorées de ceux qui veulent parvenir par les armes à quelque honneur. *A Bordeaux, par J. Millanges, imprimeur ordinaire du Roy*, 1592. 2 tomes en 1 vol. pet. in-8, mar. brun, filets, écusson sur le plat, dos orné. (*Claessens.*)

<small>Édition originale et fort belle de ces curieux mémoires.</small>

614. Commentaire sur les ordonnances faictes par le Roy Charles IX en sa ville de Moulins, au mois de février, l'an 1566, par Philibert Bugrujon. *Lyon, Claude Ravot*, 1567. Pet. in-8, v. f. fil. tr. dor.

<small>Exemplaire Yemeniz (458).</small>

615. Discours sur les causes de l'exécution faite ès personnes de ceux qui auoient coniuré contre le Roy et son Estat. *Paris, à l'Olivier de P. l'Huillier, rue Saint-Jacques*, 1572, avec privilège. Pet. in-8, mar. rouge, jans. tr. dor. (*Hardy.*)

<small>Pièce fort rare. Apologie de la Saint-Barthélemy.</small>

616. Sorbin. Histoire, contenant un abrégé de la vie, mœurs et vertus du Roy très-chrestien et débonnaire Charles IX, vrayment piteux propugnateur de la foy catholique et amateur des bons esprits, où sont contenues plusieurs choses merveilleuses advenues durant son règne, dit à bon droit le règne des merveilles, par A. Sorbin, dit de Sainte-Foy, son prédicateur. *Paris, chez G. Chaudière*, 1574. — Oraison funèbre du très-haut et puissant et très-chrestien Roy de France Charles IX, et prononcée en l'église N.-D. en Paris, le 12 de juillet 1573, par A. Sorbin, 1574. — Seconde Oraison funèbre, prononcée le 13 juillet 1574. — 3 parties en 1 vol. pet. in-8, mar. bleu, dos orné, tr. dor. (*Hardy.*)

617. La Vie et Faits notables de H. de Valois, tout au long, sans rien requérir, où sont contenues les trahisons, perfidies de cet hypocrite et apostat ennemi de la religion catholique. (*Paris*, 1589.) Pet. in-8 de 92 pag. figures, v. fauve, fil. (*Thouvenin.*)

<small>Libellé violent attribué à G. Boucher. Les figures sont rognées. Exemplaire d'Audenet.</small>

618. PÉRÉFIXE (Hardouin de). Histoire du Roy Henri le

Grand. *Amsterdam, Louis et Daniel Elzevier,* 1661. In-12, titre gravé, mar. brun, riches compartiments dorés sur les plats, dos orné, tr. dor. (*Capé.*)

<small>Très-bel exemplaire (134 mill.).</small>

619. SATYRE MENIPPÉE. De la Vertu du Catholicon d'Espagne et de la tenue des États de Paris; dernière édition, divisée en 3 tomes, enrichie de figures en taille-douce. *Ratisbonne, chez les héritiers de Mathieu Kerner,* 1711.— 3 vol. in-8, 1 frontispice répété à chaque volume et 41 figures ou portraits, mar. rouge, dentelle, dos orné, tr. dor. (*Bozérian.*)

<small>Superbe exemplaire *non rogné*.</small>

620. SATYRE MENIPPÉE. De la Vertu du Catholicon d'Espagne et de la tenue des États de Paris, avec un commentaire par Charles Nodier. *Paris, Delangle,* 1824. 2 vol. gr. in-8, mar. rouge, comp. dos orn. tr. dor. (*Purgold.*)

<small>Suite des neuf figures de Devéria avec et *avant la lettre sur chine*, et deux EAUX-FORTES.</small>

621. SULLY. Mémoires de Maximilien de Béthune, duc de Sully, principal ministre de Henri le Grand, mis en ordre avec des remarques, par M. L. D. L. D. C. *Londres,* 1747. 3 vol. in-4, mar. rouge, filets à la Du Seuil, dos orné, tr. dor. (*Chambolle.*)

<small>Bel exemplaire en grand papier avec la suite des portraits d'Odieuvre.</small>

622. L'ESTOILE (Pierre de). Mémoires pour servir à l'histoire de France, contenant ce qui s'est passé de plus remarquable dans ce royaume depuis 1515 jusqu'en 1611, avec les portraits des rois, reines, princes, princesses et autres personnages illustres dont il est fait mention. *Cologne, chez les héritiers de Herman Damen,* 1719. 2 vol. pet. in-8 avec figures. — Description de l'isle des Hermaphrodites, nouvellement découverte, contenant les mœurs, les coutumes et les ordonnances des habitants de cette isle. *Cologne,* 1724. In-8, avec frontispice. — Journal de Henri III, roi de France et de Pologne, ou mémoires pour servir à l'histoire de France, par Pierre de l'Estoile, nouvelle édition, accompagnée de remarques historiques et de pièces manuscrites les plus curieuses de ce règne. *La Haye, et Paris, chez la veuve de P. Gandoin,* 1744. In-8. — Journal du règne de Henri IV, roy de France et de

Navarre, par Pierre de l'Estoile, grand audiencier en la chancellerie de Paris, avec des remarques historiques et politiques. *La Haye, chez les frères Vaillant,* 1741, 4 vol. in-8. — Ensemble 12 vol. petit in-8, mar. rouge, filets, dos orné, tr. dor. (*Hardy.*)

<small>Très-bel exemplaire.</small>

623. LESCURE. Les Amours de Henri IV. *Paris,* 1864. Grand in-12, demi-rel. mar. rouge, dos orné, tr. sup. dor. non rogné.

<small>Exemplaire en grand papier vélin d'Angoulême. On a ajouté 23 portraits divers.</small>

624. MÉMOIRES de la reine Marguerite. *Paris, Chapelain,* 1628. In-8, mar. violet, avec M couronnées sur les plats, dos orné, tr. dor. (*David.*)

<small>Édition en gros caractères, sans errata ni privilège.</small>

625. Mémoires de la reyne Marguerite, dernière édition plus correcte. *A Goude, imprimez chez Guillaume de Hœve,* 1649. In-12, mar. rouge, filets, dos orné, tr. dor. (*Hardy.*)

<small>Jolie édition.</small>

626. LE TONDEUX qui court en certains quartiers de la France et pourquoy il tient la campagne. *S. l.* 1615. In-8 de 14 pag. mar. rouge, plat et dos orné, tr. dor. (*Lortic.*)

<small>Exemplaire Desq.</small>

627. LA CONJURATION de Conchine. *A Paris, chez Pierre Rocolet, en la grande salle du Palais,* 1618, in-12, mar. rouge. filets, dos orné, tr. dor. (*Chambolle.*)

628. Baschet. Le Roi chez la Reine, ou Histoire secrète du mariage de Louis XIII et d'Anne d'Autriche. *Paris, Aubry,* 1864. Gr. in-8, mar. bleu, dos orné, filets sur le plat, tr. dor. (*Chambolle.*)

<small>Exemplaire en grand papier de Hollande (tiré à 20 ex.). On a ajouté 27 portraits anciens et modernes.</small>

629. LA TRIOMPHANTE ENTRÉE du Roy dans sa ville de Troyes, ensemble la description des tableaux et magnificences dressez pour icelle, par I. S. T. *A Paris, chez J. Dugast, rue de la Harpe, à l'enseigne de la Limace, près la Rose rouge,* 1629. Petit in-8, mar. rouge; dos orné, armes et fleurs-de-lis sur les plats, tr. dor. (*Masson-Debonnelle.*)

<small>Exemplaire grand de marges. Entrée de Louis XIII après la prise de la Rochelle.</small>

630. Les Amours d'Anne d'Autriche, épouse de Louis XIII, avec M. le C. D. R... *Cologne, Pierre Marteau*, 1693. — Examens des prétextes de l'invasion des François pour l'instruction des Anglois. *S. d.* 57 pages in-12, maroq. bleu, dos orné. (*Capé.*)
<small>Exemplaires *non rognés*.</small>

631. La Rochefoucauld. Mémoires de M. D. L. R. sur les brigues à la mort de Louis XIII. *Cologne, Pierre Van Dyck*, 1677. In-12, mar. brun, écusson sur le plat. (*Capé.*)
<small>Bel exemplaire, grand de marges (143 mill.).</small>

632. Bourgoing de Villefore. La Vie de Mme la duchesse de Longueville. *S. l.* 1738. 2 part. en 1 vol. in-12, mar. rouge, reliure jansén. tr. dor. (*David.*)
<small>ÉDITION ORIGINALE (164 mill.).</small>

633. Cousin (Victor.) Mme de Longueville. Études sur les femmes illustres de la société du xviie siècle, par V. Cousin (Mme de Longueville pendant la Fronde, 1651-53). *Paris, Didier*, 1859. Gr. in-8, mar. rouge, filets, dos orné, tr. dor. (*Hardy.*)
<small>Exemplaire monté sur onglet et orné de 46 portraits anciens et modernes ajoutés.</small>

634. Cousin (Victor). Mme de Chevreuse, nouvelles études. *Paris, Didier*, 1862. In-8, mar. violet, filets, dos orné, tr. dor. (*Hardy.*)
<small>Exemplaire monté sur onglets et orné de 44 portraits anciens ou modernes ajoutés.</small>

635. Cousin (Victor). Jacqueline Pascal, premières études sur les femmes illustres du xviiie siècle. *Paris, Didier*, 1856. In-8, mar. vert, dos orné, filets, tr. dor. (*Hardy.*)
<small>Exemplaire orné de 16 portraits anciens et modernes ajoutés.</small>

636. La Misère au temps de la Fronde, par A. Feillet. *Paris, Didier*, 1862. In-8, chagrin, dos orné, non rog.
<small>Exemplaire auquel on a ajouté 58 portraits anciens et modernes.</small>

637. Procès criminel de Jehan de Poitiers, seigneur de Saint-Vallier, publié d'après les manuscrits originaux de la Bibliothèque impériale avec une introduction et des notes de G. Guiffrey. *Paris, Lemerre*, 1867. In-8, papier de Hollande, un titre gravé, 2 vignettes, 36 portraits et 2 vues, mar. rouge, 3 filets, dos orné. (*Chambolle.*)

638. Mémoires du cardinal de Retz, contenant ce qui s'est passé de remarquable en France pendant les premières années du règne de Louis XIV, nouvelle édition. *Amsterdam, chez F. Bernard*, 1731. 4 vol. petit in-8, portrait du cardinal. — Mémoires de Gui Joly, conseiller du Châtelet. *Amsterdam, Bernard*, 1738-1739. 2 vol. — Mémoires de Mme la duchesse de Nemours. 1 vol. 1738. — Ensemble 7 vol. pet. in-8, mar. rouge, filets, dos orné, tr. dor. (*Chambolle.*)

<small>Jolie édition, très-recherchée.</small>

639. Mémoires de Mlle de Montpensier, petite-fille de Henri IV, publiés par Chéruel. *Paris, Charpentier*, 1858. 4 vol. in-12, mar. violet, filets, dos orné, non rog. (*Hardy.*)

<small>On a ajouté à cet exemplaire 54 portraits anciens et modernes, et 7 vues.</small>

640. Les Soupirs de la France esclave qui aspire après la liberté. *S. l.* 1689. In-4, maroq. rouge, filets, tr. dor. (*Hardy.*)

<small>Edition originale en 15 parties. La pagination se suit.</small>

641. Histoire de Madame Henriette d'Angleterre, première femme de Philippe de France, duc d'Orléans, par dame Marie de la Vergne, comtesse de la Fayette. *Amsterdam, Lecesne*, 1720. In-12, portrait gravé, mar. rouge, dos orné, tr. dor. (*Thibaron.*)

<small>Édition originale.
Bel exemplaire.</small>

642. La Fayette (la comtesse de). Histoire de Mme H. d'Anglette..., publiée par Bazin. *Paris, Techener*, 1853. In-12, mar. vert, fil. dos orné, tr. dor. (*Hardy.*)

<small>Exemplaire orné de 52 portraits anciens et modernes, dont six dessins de Baudet-Bauderval.</small>

643. Les Mémoires de Monsieur d'Artagnan, capitaine-lieutenant de la 1re compagnie des mousquetaires du Roi, contenant quantité de choses particulières et secrètes qui se sont passées sous le règne de Louis le Grand. *Cologne*, 1701. 3 in-12, mar. bleu, filets, tr. dor. (*Rel. mod.*)

<small>Bel exemplaire.</small>

644. Les Historiettes de Tallemant des Réaux, 3e édition publiée par M. de Montmerqué. *Paris, Techener*, 1860. 9 vol. in-8, mar. rouge, fil. dos orné.

<small>Exemplaire en grand papier vergé, orné de 288 portraits par Montcornet, Odieuvre. Dessins de Baudet-Bauderval, etc.</small>

645. SAINT-SIMON. Mémoires complets et authentiques du duc de Saint-Simon, sur le siècle de Louis XIV et de la Régence, collationnés sur le manuscrit original, par M. Chéruel, et précédés d'une Notice par Sainte-Beuve. *Paris, Hachette,* 1856-1858. 20 vol. gr. in-8, demi-rel. mar. rouge, (*Petit-Simier.*)

<small>Exemplaire en grand.papier vélin, auquel on a ajouté 332 portraits et plusieurs DESSINS de Baudet-Bauderval.</small>

646. Mme de Caylus. Les Souvenirs. *Paris, Colnet,* 1804. In-8, mar. vert, fil. dos orné, tr. dor. (*Marius-Michel.*)

<small>Exemplaire en grand papier vélin auquel on a ajouté 30 portraits.</small>

647. SOUVENIRS de Mme de Caylus, nouvelle édition, avec notes par Asselineau. *Paris, Techener,* 1860. In-12, mar. roug. large dent. sur les plats, dos orné, tr. dor. (*Hardy.*)

<small>Exemplaire en papier de Hollande avec les figures avec et *avant le cadre.*</small>

648. Clément. La Police sous Louis XIV. *Paris, Didier,* 1866. In-8, demi-rel. maroq. bleu, dos orné. (*Hardy.*)

<small>On a ajouté à cet exemplaire 46 portraits dont quelques-uns *sur chine, avant la lettre,* et 1 portrait du duc de Chaulnes, DESSIN de Baudet-Bauderval.</small>

649. Bussy-Rabutin. Carte géographique de la cour et autres galanteries. *Cologne,* 1668. Pet. in-12, de 78 pag. maroq. bleu, dorures sur les plats, tr. dor. (*Thibaron.*)

<small>Bel exemplaire. 126 mill.</small>

650. Les Intrigues amoureuses de la cour de France. *Cologne, Pierre Bernard (à la Sphère),* 1785. Pet. in-12, mar. bl. jans. tr. dor. (*Marius-Michel.*)

651. Les Conquêtes amoureuses du grand Alcandre dans les Pays-Bas, avec les intrigues de sa cour. *Cologne, Pierre Bernard,* 1684. In-12, mar. bl. tr. dor. (*Marius-Michel.*)

652. Les Dames dans leur naturel, ou la Galanterie sans façon, sous le règne du grand Alcandre. *Cologne, Pierre Marteau (à la Sphère).* Pet. in-12, mar. bl. jans. tr. dor. (*Marius-Michel.*)

653. Amours des dames illustres de France, sous le règne de Louis XIV (par Bussy-Rabutin). *Cologne, Marteau,* s. d. 2 vol. in-12, frontisp. et figures, maroq. orange, fil. dos orné, tr. dor. (*David.*)

<small>Bel exemplaire relié sur brochure et rempli de témoins.</small>

654. La Vie de la duchesse de la Vallière, où l'on voit une relation curieuse de ses amours et de sa pénitence, par ***. *A Cologne, chez J. de la Vérité,* 1695. In-12, mar. la Vall. janséniste, tr. dor.

655. La Cour de France turbanisée et les trahisons démasquées, par M. L. B. D. E. D. E. *Cologne, chez P. Marteau,* 1686. In-12, mar. rouge, dos orné, compart. dorés sur les plats, tr. dor. (*Niedrée.*)

  Bel exemplaire (130 mill.).

656. Le Passe-temps royal de Versailles, ou les Amours secrètes de Mme de Maintenon. *Cologne, Marteau,* 1706. In-12, frontisp. grav. maroq. roug. fil. dos orné, tr. dor. (*Duru.*)

  Cet exemplaire porte dans l'intérieur les armes de Huet, évêque d'Avranches, prises dans l'ancienne reliure, et le haut du titre : *Domus profess. societatis Jesu.*

657. Amours des dames illustres de notre siècle (par Bussy-Rabutin). *Cologne, Le Blanc,* 1708. In-12, maroq. orange, fil. dorures sur les plats, dos orné, tr. dor. (*Chambolle.*)

  Les noms propres figurent dans cette édition.

658. Le Momus françois, ou les Aventures divertissantes du duc de Roquelaure, *Cologne, P. Marteau,* 1768. 2 parties en 1 vol. mar. roug. fil. dos orné, tr. dor. (*Rel. mod.*)

659. Lacroix (Paul). XVIIIe siècle, lettres, sciences et arts, ouvrage illustré de 16 chromolithographies et de 250 grav. sur bois dont 20 hors texte. *Paris, Didot,* 1878. — XVIIIe siècle. Instruction, usages et costumes; ouvrage illustré de 21 chromolithographies et de 350 grav. sur bois. *Paris, Didot,* 1875. 2 vol. in-4, mar. bleu, dos orné, filets. (*Cuzin.*)

  Exemplaires sur *papier de Chine.*

660. Les Campagnes de Louis XV, le Bien-Aimé, représentées par des figures allégoriques, avec une explication historique. In-fol. frontisp. et 44 figures gravées, demi-rel. maroq. roug. dos orné. (*Cuyls.*)

  Dédicace et 44 planches gravées.

661. Goncourt. Les Maîtresses de Louis XV, par E. et J. de Goncourt. *Paris, Didot,* 1860. 2 vol. in-8, mar. bleu, filets et encadrement, dos orné, tr. dor. (*Chambolle.*)

  On a ajouté 56 portraits divers sur chine *avant la lettre* ou coloriés.

662. Histoire de Mme la marquise de Pompadour, trad. de l'anglois. *Londres,* 1759. In-12, mar. bl. jans. tr. dor. (*Petit.*)

663. Anecdotes sur Mme la comtesse Dubarry. 1776. In-12, avec le portrait, mar. citron, dos orné, filets, tr. dor. (*David.*)

<small>Exemplaire relié sur brochure, auquel on a ajouté 20 portraits anciens, et modernes.</small>

664. Le Parc aux Cerfs, ou l'Origine de l'affreux déficit, par un zélé patriote (par L.-G. Bourdon). *Paris,* 1790. In-8, mar. orange, dos orné, fil. tr. dor.

<small>Bel exemplaire contenant les figures de Bauquier, Peixotte, et 11 portraits de Louis XV, de la duchesse de Châteauroux, de Mme de Pompadour, etc., ajoutés.</small>

665. La Chronique scandaleuse, ou Mémoires pour servir à l'histoire de la génération présente... (par Guillaume Imbert, ex-bénédictin). *Paris,* 1785. 5 vol. in-12, demi-rel. tr. rouge.

666. Les Révélations indiscrètes du xviiie siècle, par le cardinal de Bernis, Bossuet, Cabanis, Cérutti, Champcenetz, la marquise du Châtelet, Chénier, Diderot, Duclos, Franklin, etc. *Paris, Guitel,* 1814. In-12, mar. rouge, filets, dos orné, tr. dor. (*Smeers.*)

<small>Exemplaire relié sur brochure (139 mill.). On a ajouté 12 portraits.</small>

667. Marie-Antoinette. Correspondance inédite, publiée sur les documents originaux, par le comte d'Hunolstein. *Paris, Dentu,* 1864. In-8, mar. bleu, filets, dos orné, tr. dor. (*Hardy.*)

<small>Exemplaire monté sur onglets et auquel on a ajouté 37 portraits anciens et modernes, dont plusieurs gravés par Lebeau; 1 dessin de Baudet-Bauderval, gravure de Moreau, etc.</small>

668. Mémoires de madame Elliot sur la Révolution française, trad. en français par le comte de Baillon, avec une appréciation critique par Sainte-Beuve. *Paris, Michel Lévy,* 1864. In-12, mar. brun, dos orné, 3 filets, tr. dor. (*David.*)

<small>Exemplaire auquel on a ajouté 11 portraits.</small>

669. Chateaubriand. De Buonaparte et des Bourbons et de la nécessité de se rallier à nos princes légitimes pour le bonheur de la France et celui de l'Europe. *Paris, Mame,*

1814. In-8, mar. rouge, reliure janséniste, tr. dor. (*Hardy.*)

ÉDITION ORIGINALE de cet écrit célèbre.

670. Les Zouaves et les Chasseurs a pied, esquisse historique, par le duc d'Aumale. *Paris, Michel Lévy,* 1855. Pet. in-8, mar. bleu, dorures sur les plats, tr. dor. (*Capé.*)

Exemplaire couvert du chiffre et des armoiries du prince.

671. Springer. Paris au xiiie siècle, par A. Springer, traduit de l'allemand. *Paris, Aubry,* 1860. Pet. in-8, mar. rouge, janséniste, tr. dor. (*R. Petit.*)

IV. HISTOIRE ÉTRANGÈRE.

672. Dargaud. Histoire de Jane Grey. *Hachette,* 1863. In-8, mar. rouge, filets, dos orné, tr. dor. (*Chambolle.*)

Exemplaire auquel on a ajouté 57 portraits anciens et modernes.

673. La Conjuration du comte Jean-Louis de Fiesque, par le cardinal de Retz. *Paris, chez C. Barbin, sur le grand perron de la Sainte-Chapelle,* 1665. In-12, mar. rouge, janséniste, tr. dor. (*Capé.*)

ÉDITION ORIGINALE.

ANTIQUITÉS

674. Les Collectionneurs de l'ancienne Rome, notes d'un amateur (Edmond Bonaffé). *Paris, Aubry,* 1867. In-8, papier vélin, demi-rel. mar. bl. avec coins, n. rogn. (*Amand.*)

675. Le Musée royal de Naples. Peintures, bronzes et statues érotiques du cabinet secret, contenant 60 grav. coloriées. *Paris, Ledoux,* 1836. In-4, grand papier, mar. bleu, filets à la Du Seuil, dor. orné. (*R. Petit.*)

Figures en double état, noires, *avant la lettre,* sur chine et COLORIÉES.

676. Vie privée des Douze Césars (par d'Hancarville). *Caprée*, 1780. — Culte secret des dames romaines. *Caprée,* 1784. 2 vol. in-4, mar. fil. tr. dor. (*Petit.*)

Exemplaire grand de marges et sur papier fort.

BIOGRAPHIE

677. La Vie du roi Almanzor, écrite par le capitaine Aly Abençufran (trad. de l'espagnol, par le P. F. d'Obeilh). *Amsterdam, Daniel Elzevier*, 1671. In-12, mar. vert, fil. dos orné, tr. dor. (*Trautz-Bauzonnet.*)

133 mill. 1/2. Exemplaire de M. Brunet (n° 685).

678. Mémoires de messire Pierre de Bourdeille, seigneur de Brantôme. *Leyde, J. Sambix le jeune,* 1665-1722. 10 vol. in-12, mar. vert, rel. jans. (*Thibaron.*)

Édition elzévirienne fort jolie et très-recherchée (127 mill.), le vol. de 1722 a 130 mill.

679. La Gallerie des femmes fortes, par le P. Le Moyne de la Cie de Jésus. *A Leiden, chez J. Elsevier*, 1660. In-12, 1 frontisp. et 20 portraits, mar. bleu, filets, tr. dor. (*Masson-Debonnelle.*)

129 mill.

680. Perrault. Les Hommes illustres qui ont paru en France, pendant ce siècle, avec leurs portraits au naturel. *Paris, Dezallier*, 1696-1700. 2 tom. en 1 vol. in-fol. 1 frontisp. fleur. sur titres, culs-de-lampe et nombr. portr. grav. par Edelinck, mar. rouge, fil. à la Du Seuil, dos orné. (*Chambolle.*)

Exemplaire en grand papier fort. Superbes épreuves, portraits de Pascal et d'Arnaud ajoutés.

681. Livet. Précieux et Précieuses, caractères et mœurs littéraires au xviie siècle. *Paris, Didier*, 1859. In-8, mar. rouge, filets, dos orné, tr. dor. (*Hardy.*)

L'un des 10 exemplaires sur papier verger. On a ajouté 12 portraits divers dont un joli portrait de Mlle de Gournay, dessin de Bandet-Bauderval, d'après Mattheus.

BIBLIOGRAPHIE

682. Janin (Jules). Le Livre. *Paris, Plon,* 1870. In-8, portr. de l'auteur, papier vélin, mar. brun, fil. dos orné. (*Petit.*)
    Exemplaire avec le portrait de Jules Janin, sur *chine,* et 42 portraits ajoutés.
    Très-bel exemplaire.

683. Fertiault. Les Amoureux du Livre, par Fertiault, 16 eaux-fortes de Jules Chevrier. *Paris, Claudin,* 1877. In-8, maroq. rouge, dos orné, tr. dor. (*Chambolle.*)
    Exemplaire sur papier de Chine, dans lequel les eaux-fortes sont en 3 états.

684. Voyage dans un grenier. Bouquins, faïences, autographes et bibelots, par M. C. C. (C. Cousin). *Paris, D. Morgand et Ch. Fatout,* 1878. In-fol. fig. en couleurs, mar. rouge, fil. tr. dor. (*Chambolle-Duru.*)
    Très-bel exemplaire en *papier du Japon.*

685. Bibliographie des ouvrages relatifs à l'amour, aux femmes, au mariage, par le comte d'I..... *Paris,* 1864. In-8, demi-rel. mar. brun, dos orné. (*Claessens.*)

686. Veinant (Auguste). Catalogue des livres rares et précieux du cabinet de M***. (A. Veinant). *Paris, Tross,* 1855. Catalogue des livres rares et précieux comprenant la bibliothèque de feu M. Auguste Veinant. *Paris, Potier,* 1860. — Catalogue des livres rares et précieux, 2ᵉ partie. *Poitiers,* 1863. Ces trois catalogues reliés en 1 vol. in-8, mar. bleu, filets, dos orné. (*R. Petit.*)
    Prix et noms des acquéreurs.

687. Le Bibliophile français, gazette illustrée des amateurs de livres. *Paris,* 1867 et années suivantes. Figures, demi-rel. mar. rouge, non rogné. (*Hardy.*)

688. Brunet. Manuel du libraire et de l'amateur de livres. *Paris, Didot,* 1860. 6 vol. in-8, demi-rel. mar. brun, tr. dor. (*David.*)
    On a joint le premier volume du supplément, même reliure.

TABLE DES DIVISIONS

	Numéros
THÉOLOGIE	1
SCIENCES ET ARTS DIVERS	28
BEAUX-ARTS	67
BELLES-LETTRES.	
I. Linguistique	94
II. Poètes grecs	97
III. Poètes latins	105
IV. Poètes français	115
V. Poètes étrangers	244
VI. Fables	251
VII. Chansons	268
VIII. Théâtre	279
IX. Acteurs et actrices	368
X. Romans anciens et français	377
XI. Romans étrangers	517
XII. Épistolaires, Dialogues	531
XIII. Facéties, Satires	541
XIV. Ouvrages sur les femmes et le mariage	562
XV. Polygraphes et Collections	570
HISTOIRE.	
I. Voyages	587
II. Histoire universelle	592
III. Histoire de France	599
IV. Histoire étrangère	672
ANTIQUITÉS	674
BIOGRAPHIE	677
BIBLIOGRAPHIE	682

Paris. — Typ. Georges Chamerot, rue des Saints-Pères, 19. — 12251.

PARIS

TYPOGRAPHIE GEORGES CHAMEROT

19, RUE DES SAINTS-PÈRES, 19

www.ingramcontent.com/pod-product-compliance
Lightning Source LLC
Chambersburg PA
CBHW070532100426
42743CB00010B/2060